Soleいいね!

駅から1万歩の旅Book

監修 SBSテレビ
Soleいいね!
SBSアナウンサー
原田亜弥子

静岡新聞社

Soleいいね!

駅から1万歩の旅 Book

「駅から1万歩、歩いてみよう!」それは「Soleいいね!」のプロデューサーの一言で始まりました。スタートは「駅」。道順も目的地も決まっていない。万歩計が1万歩すぎたら撮影終了という企画。

どこを歩いても、どこに寄っても良いなんて、ステキ♪と思いながら、毎回1万歩しっかり歩きました。この本では２０１０年から4年間歩いた行き当たりばったりの散歩の中から24のコースを選び、私が勝手に決めて立ち寄ったスポットを紹介します。テレビでは紹介できなかったスポットやこぼれ話も満載です。私と一緒に歩いているつもりで楽しんで読んでください!そして本を片手に、ぜひ歩いてみてくださいね!

SBSアナウンサー　原田亜弥子

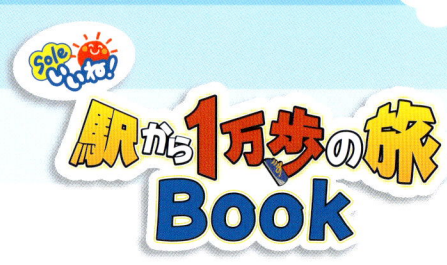

目次

4 **静岡駅・東静岡駅から1万歩**
6 静岡駅① 北口～駿府公園周辺
10 静岡駅② 北口～呉服町～安倍川方面
14 静岡駅③ 南口～駅南～安西橋方面
18 東静岡駅① 南幹線～池田方面
22 東静岡駅② 古庄～北街道方面
26 えきとぴっ！ 静岡・東静岡

27 **中部の駅から1万歩**
28 日吉町駅から
32 音羽町駅から
36 御門台駅から
40 新清水駅から
44 由比駅から
48 用宗駅から
52 焼津駅から
56 藤枝駅から
60 川根温泉笹間渡駅から
64 えきとぴっ！ 中部

65 **東部の駅から1万歩**
66 伊東駅から
70 熱海駅から
74 三島駅から
78 沼津駅から
82 富士宮駅から
86 岳南原田駅から
90 えきとぴっ！ 東部

91 **西部の駅から1万歩**
92 掛川駅から
96 森町駅から
100 西気賀駅から
104 浜松駅から
108 えきとぴっ！ 西部

110 INDEX

静岡・東静岡

駅から1万歩の旅

JR静岡駅北口

電車の駅は
どの地域でもランドマーク。
そこから歩けばステキな出会い、
歩くからこその発見がいっぱい。
さあ、1万歩の旅に
出かけよう!!

地図の見方

- ★ 寄り道スポット（詳細を掲載）
- ● 寄り道スポット
- ● 目印など
- ……… おすすめコース
- 10000歩 歩数は原田亜弥子の万歩計の歩数

街中から駿府公園周辺の商店街をぶらり

静岡市民文化会館の大ホール前のブロンズ彫刻「南アルプス」

静岡市出身の彫刻家掛井五郎さんの作品

1978年静岡市民文化会館完成と同時に設置されたブロンズ像。5mの女体が空中に浮かび、2本の腕は安倍川、大井川を表わしている

北街道
67
水落交番
静岡市民文化会館
1835歩
キャロッツのカレー屋さん
RUB UP
978歩
日吉町
新静岡
静岡鉄道
新静岡セノバ
なかやすフルーツ
御幸町通り
松坂屋
1
9218歩
葵タワー
地下道→
JR静岡駅
START&GOAL

新静岡セノバ

日替わりジュースの手書き下げビラに目が留まる！

ＪＲ静岡駅から１万歩の道のりは、ほとんど平坦な道で歩きやすい！だから何度も「旅」を決行している。ゆっくりと寄り道しながら歩くと、普段は気が付かない楽しい発見があるヨ。今回は大御所・家康公の銅像のある北口からスタートしたから、家康公が居住していたお城跡・駿府城公園の方へGO！そして、浅間神社方面を回って静岡駅へ戻るコースだよ。街中を回遊する「駿府浪漫バス」に遭遇したりすると、テーマパークに来たみたいな気分だわ〜♪

JR静岡駅
御幸町通り
江川町交差点
北街道
静岡市民文化会館
内堀
駿府城公園内
外堀
長谷通り
浅間神社の石鳥居
浅間通り
中町交差点
呉服町タワー
呉服町通り
江川町通り
江川町交差点
御幸町通り
JR静岡駅

なかやすフルーツ

季節のフルーツを、ジュースやデザートで思いっきり食べたいならここ!静岡産を中心に、全国からも選りすぐりのフルーツを仕入れている果物専門店。シャーベット、泡盛ベースのカクテルなど多彩なアレンジで提供している。アメーラトマトのジュースはこの店ならではのフレッシュなトマトジュース。皮や種のエキスまで余すところなく使ったジュースをぜひお試しあれ!

そのままたべても美味しい!

DATA
静岡市葵区御幸町6-2
Tel 054-272-6354
10：00~20：00
※店主が配達で留守の時間あり
不定休

フルーツのジュース　250円~
アメーラトマトのジュース　800円
365日違う季節のフルーツ・デ・セール　550円~

キャロッツのカレー屋さん

静岡障害者就労ネットワークセンターが運営している。テイクアウトもイートインスペースでのお食事もＯＫ!カレーライス450円、キャロットサラダ50円と破格。カレーはあめ色になるまで炒めたタマネギの甘味と本格スパイスの辛みがマッチする。ルーのみのお持ち帰りもできる。

DATA
静岡市葵区駿府町1-43
Tel 054-255-7225
10：00~14：00
休/土・日曜、祝日

小さな店だが中にはたくさんの服

アクセサリーや小物もステキ

RUB UP

メンズカジュアルファッションのセレクトショップ。日本製のものから欧米ものまで、さりげなくセンスが光るアイテムがどっさり。「長く愛用できるものを」という店主。品質にこだわり、生地から縫製まですべて国内で作られた物も多い。小さめのサイズなら女性が着てもGood。

DATA
静岡市葵区駿府町1-30　つぼやビル1F
Tel 054-659-0044
11：00~20：00（土・日曜、祝日は10：00~）
年末年始以外ほぼ無休

1万歩のあやコラム

呉服町通りにはモニュメントがいっぱい!よく見るとベンチも凝っている。芸術の街っぽくて感激!

コバット

とっても個性的なご主人登場!徳田正さんは店を開いて40年。自分の好きな服を仕入れて置いてあるんだよ、と話す。なぜ「冷やかし歓迎?」との問いには、お客さんが喜んで買わなければ売りたくない。本当に気に入った物だけを買ってくれれば嬉しいから、だとか。

個性的なコーディネートもしてくれる

DATA
静岡市葵区西草深26-11
Tel 054-246-1121
9:30~21:00　ほぼ無休

のりこのおでん

「のりこ」とは創業者で、現店主大塩和子さんの母親の名前。初代の心意気を大切にしようと店名を引き継いだ。牛すじで出汁をとる静岡おでんが多い中、この店は豚すじでとっている。定番の黒はんぺんの他、シノダやガツ(胃袋)、フワ(肺)などがおすすめ。時々入っている鳥取牛のアキレスは他ではなかなか食べられないレアものだ。

おでん1本 90円~

豚出汁のおでんは見た目よりまろやかな味。大塩和子さんは初代の味を守りながら、新しいものにも挑戦。ガツやフワは最近のヒット作。

DATA
静岡市宮ヶ崎町42
Tel 054-245-8435
11:00~18:00
休/月曜日

繁華街を抜けたら
花火大会で有名な安倍川方面へ

毎年7月末の
安倍川花火大会は盛大！

静岡銀行本店

静岡県の景観重要建造物に指定されている。古代ギリシャの建築様式を取り入れて作られた。昭和6年建造。

本通りから見た静銀
かっこいい〜

ＪＲ静岡駅北口から地下道を上がると、パルコや伊勢丹など百貨店のある呉服町通りへ。昔からある専門店や小さいけれど個性的な店が目白押し。呉服町の終点、本通りとの交差点まで来たら安倍川の方へ行ってみよう。夏の花火大会では人であふれかえる田町エリアは、普段は静かな町。河川敷には遊歩道もあり、散歩するのに気持ちいい！休日ともなれば野球やラグビーをする少年少女たちで賑やかに。街中の寄り道と川風を受けてのウォーキングの両方が楽しめるコースだよ。

田町公園
カラフルな遊具が目印。
隣には子供が遊べる
無料プールがある（夏季のみ）
駿府城公園
1444歩
北川万年堂
静岡銀行本店
静岡市役所
静岡鉄道
オオイシ文具店
昭和通り
ミカワヤ洋菓子店
保育園
GOAL
田町
スポーツ広場
歯医者
さつま通り
平成通り
タキイ
水防倉庫
田町公園プール
土手通り
やきいも末永
常盤公園
6340歩
ときわ通り
JR静岡駅
START
静岡河川
事務所
ninosa
田町小
遊歩道もあって
ランニングや
ウォーキングにもイイ！
消防署
7984歩
安倍川
本通り
1
←島田
紺屋町と呉服町通り
昔からの商店街。
本通り
もともとは東海道の道筋だった。
徳川家康が駿府の町割りをしたと
きに新しい東海道（新通り）を作っ
たため東海道の道筋から外れた。

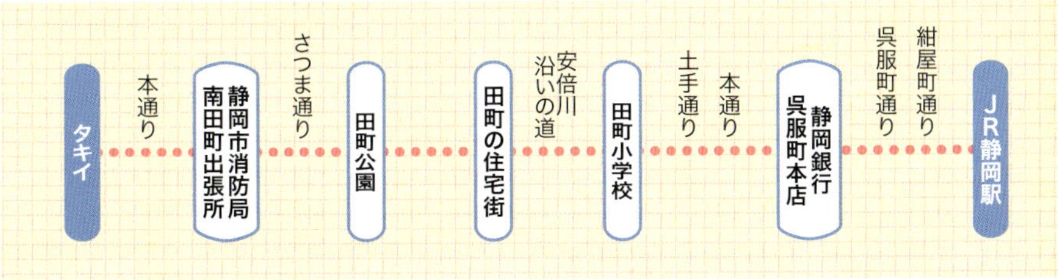
JR静岡駅
紺屋町通り
呉服町通り
静岡銀行
呉服町本店
本通り
土手通り
田町小学校
安倍川
沿いの道
田町の住宅街
田町公園
さつま通り
静岡市消防局
南田町出張所
本通り
タキイ

ミカワヤ洋菓子店

パッケージの
フレンチブルドッグの
イラストがキュート!

オリジナルのどら焼き“フレンチどら焼き”が洋菓子店ならではの人気商品だ。あんの替わりにモンブランのクリームをどら焼き風にアレンジ。ショコラ、イチゴ、コーヒーなど、10種類以上の定番が揃う。「えだ豆どら焼き」は夏季限定。きれいな緑色のクリームで、ほんのりと枝豆の味がする。

DATA
静岡市葵区五番町2-1
Tel 054-252-1929
10：00〜19：00 休/火曜日

フレンチどら焼き
150円〜

オオイシ文具店

使って楽しい

一般的な文房具から一風変わったおもしろ文房具まで揃う店。富士山グッズのほか、いちご鉛筆、みかん型ポストカード、静岡の人Tシャツなどのオリジナル商品は、静岡を訪れた観光客に大好評。店内に貼られた黄色いカードには文房具豆知識や雑学が書かれている。これを見ると得をする仕掛けもあるので、読んでみて。

DATA
静岡市葵区紺屋町3-4
Tel 054-252-0512
9：30〜20：00　無休

北川万年堂

なで心地抜群の

猫を飼っていてもいなくても、猫グッズが大好きという人にはたまらない！猫がモチーフのグッズがひしめく店内には雑貨、バッグ、洋服など、軽く100点を超える商品が。体をなでると甘えた声で鳴くぬいぐるみ「なでなでねこちゃん」は、「Soleいいね！」で紹介してから大ヒットした。年に数回、不定期で有名猫作家を招いて個展を開催している。

DATA
静岡市葵区呉服町1-3-2
Tel 054-253-1483
10：00~19：00
休/水曜日

人気猫作家、
松下カツミさんの
Tシャツ3024円

ninosa《ニノサ》

本格フレンチを気軽に、リーズナブルな料金で食べられるとあって人気がある。ランチはコース仕立てで2100円～。メインは鶏肉、豚肉、ハンバーグ、市場から仕入れた魚の料理など、6種類の中からチョイスして。ディナーはオードブル、メインが選べるプリフィクスコースのほかアラカルトもあり。居心地の良い店で友達とのおしゃべりも弾みそう。

本格フレンチをアレンジした料理は、シンプルでありながら個性的

彩り豊かなサラダに至るまで、オーナーシェフ二ノ宮さんの細やかな思いが込められている

DATA
静岡市葵区新通1-10-11
Tel 054-251-3502
11:30～13:30LO（土・日曜、祝日は～14:00LO）18:00～21:00LO
休/水曜日、第3火曜日

タキイ

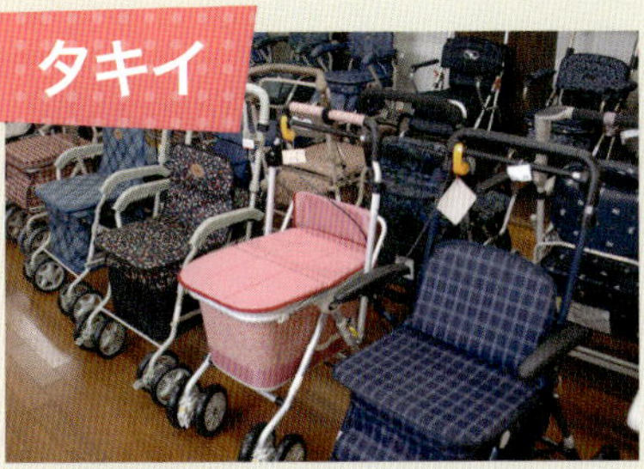

昭和26年10月に瀧井乳母車店として開業し、乳母車、オモチャと遍歴を重ね、今では高齢者用品をメインに扱う。3階には100台近いシルバーカーを展示。ハンドルの高さや重さなどを確かめながら購入できると評判。2階は育児遊具とベビー用品、1階ではオモチャを販売している。

DATA
静岡市葵区本通4-1-1
Tel 054-255-1515
10:00～19:00
休/月曜日（祝日の場合は翌日休み）

やきいも末永

焼きいもを焼く釜が並ぶ、味のある店

「抹茶ミルク」270円
かき氷は180円～

昭和32年創業。9月下旬から6月（いもが終わるまで）は焼きいもを売り、夏はかき氷屋さんに変身。沼津や浜松の契約農家から仕入れるいもで作る焼きいもはもちろんのこと、夏のかき氷も評判。きめの細かい氷に甘すぎないシロップがよく馴染む。テイクアウトもできる。

DATA
静岡市葵区本通7-11-8　Tel 054-255-5841
やきいも10:00～19:00（売り切れ次第終了）
かき氷10:00～20:00（雨天休業）
休/火曜日

ちょっとドキドキ?!
ディープなお店が続々登場

静岡浅間神社
駿府城公園
安西通り
安西橋
するが一《いち》
熊谷日用品店
5600歩
さつま通り
平成通り
208
本通り
駒形通り
静岡市役所
江川町通り
静岡鉄道
JR静岡駅
START
おにぎりのまるしま
267歩
CSシントミ
コマトラ
馬渕緑地
850歩
スルガ銀行
石田街道
稲垣燃料店
大野米店
古美術 隆古堂
1800歩
異風 ～if～
KLIMT
歯医者
大浜街道
しずてつストア
安倍川
1
燃料店とか骨董店とか、
ふだんは気にとめないお店が
歩くと目に入ってくる！

わが家のシェフ！
レストラン並みの惣菜。
家庭円満のカギ？！

ＪＲ静岡駅の南口からスタートした。駅の南側には、居酒屋など飲み屋さんがたくさんあって夜は賑やか♪駅から東側の細い通りを歩いて行くと、小さな古いお店が軒を並べている。馬渕付近を歩くとステキなお店が点在。車だと一方通行が多くて難しい道順だけど、歩けばカンタン！線路をくぐって駅北に。そして平成通りに進み、安西橋を渡ろう。一万歩で藁科川の方まで歩ける。地元の商店の人たちの温かさに触れたコースだった。

手書きのポスターが
ユニークな酒店
つい寄りたくなる～

けっこう駅から
遠くまで
行けるね～

大野米店

米ぬかから生まれたこめ油と
サフラワー油をブレンドした、
口当たりのマイルドな食用油

「調合こめ油」1350g/1070円

日用品のお店だけど、
見たことのないような
レアものも?!

熊谷日用品店

- JR静岡駅南口
- 石田街道 すぐ曲がる
- おにぎりのまるしま
- 北街道
- 大野米店
- 大浜街道
- KLIMT
- しずてつストア
- 異風～if
- 国道1号線 横断
- 平成通り
- するが一
- さつま通り
- 安西橋
- 国道362号線
- 服織中

コマトラ

「プレートランチ」980円

昭和の風情が残る駒形通りにあるコマトラは、まさに下町の食堂のような雰囲気。大人気のプレートランチは9種類のおかずにバゲット（または雑穀米）がついて、さらにソフトドリンクおかわり自由というのがうれしい。夜はお酒がすすむメニューが盛りだくさん。お気に入りの店になること間違いなし。

DATA
静岡市葵区駒形通2-2-1
Tel 054-252-1730
11:30〜14:00　17:00〜24:00
休/火曜日

笑顔があったかい
佐藤政夫さん
つた江さん

おにぎりのまるしま

店を構えて半世紀。朝６時30分にお店が開くと、出勤前のお客さんが次々とやってくる。メニューは手結びのおにぎり、のり巻、おでんに天ぷら、そしてアツアツの味噌汁。おにぎりは90円〜、天ぷらは80円、おでんは１本60円。レトロな空間でおにぎりを食べて、一日の活力をチャージして。

DATA
静岡市駿河区南町7-15
Tel 054-281-4900
6:30〜16:30
休/日曜・祝日

KLIMT《クリムト》

婦人靴製造メーカーのショップで、パンプス、スニーカー、ブーツ、サンダルなどを市場の３~６割程度の価格で買うことができる。上質な本革を素材とし、有名ブランド、ショップなどに商品を提供しているから品質にも定評がある。以前静岡に住み、他県へ引っ越してからも、履き心地の良さが忘れられずネットで購入、というリピーターも多い。

バレエシューズ7300円~
牛革スニーカー13700円
スリップオンシューズ11200円

DATA
静岡市駿河区馬渕2-13-4
Tel 054-282-2405
10:00〜16:00
休/火・日曜、祝日

異風《いふう》～if～

ローストポーク１切で、
ご飯3杯はイケる!

原田亜弥子アナウンサーが「我が家のシェフ」と言わしめた店で、和洋中、エスニックと多彩なジャンルの惣菜が並ぶ。洋食から割烹まで、いろいろな”風”を取り入れたいと異風と名付けたという。ホームパーティーにおすすめのオードブルの盛り合わせは、１人前1000円～と、予算に合わせて作る。またクリスマスのローストチキンも評判で、10月頃から予約開始。

ローストポーク330円（100g）と
キッシュ180円（１カット）

DATA
静岡市駿河区宮本町3-12
Tel 054-288-5140
10:00～18:45　休/日曜・祝日

1万歩のあやコラム

「熊谷日用品店」は雑誌から文具、化粧品まで揃っている、いわゆる何でも屋さん。おかみさんはいつも笑顔のとても楽しい方♡

CSシントミ

一般車からスポーツ車、電動車まで、ほかのお店で買ったものでも修理する。「普段乗っている自転車も、ちょっと整備するだけでベストな乗り心地になりますよ」と店主の大石規之さん。最近はスポーツサイクルで通勤やサイクリングをする人も増えている。ベストな1台を選んでくれるし、買った後も安心!

DATA
静岡市葵区新富町2-26-9
Tel 054-272-7612
9:00～19:00　休/木曜日

南幹線から池田の森、動物園でたくさん歩く

小動物とも触れあえる

日本平PA
3494歩
GOAL
10035歩
日本平動物園

動物園だ〜
楽しいぞ〜
遊ぶぞ〜

英国アンティーク家具・食器類が1万点以上

ちょっと覗いてみたくなるなあ〜

アンティーク デジャヴ

DATA
〒422-8005
静岡市駿河区池田554-1
Tel 054-263-9689
11:00-19:00　休/月曜日

ＪＲ東海道線で一番新しい駅…といっても平成10年だからもう15年以上経つのね〜。駅周辺はマンションやビルができて賑やかになったよ。駅の南側から南幹線、池田街道などを縫って気になるスポットへ立ち寄りながら池田の森方面へ。ここは少し坂道になるけれど、途中、緑地で休憩したり、カフェに寄るなどしてゆっくり登ればいい。ふり返ると駅周辺のビル群が見えるくらい見晴らしがよくなる。動物園の前で約3000歩。園内を遊びまわったら1万歩になっちゃった。

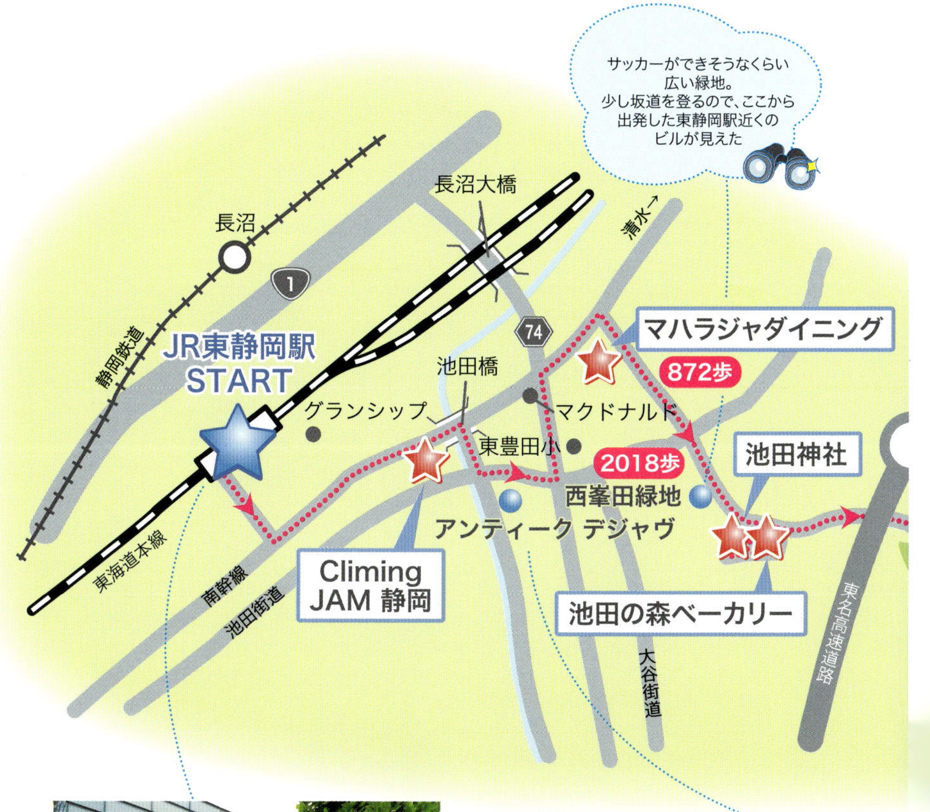
サッカーができそうなくらい
広い緑地。
少し坂道を登るので、ここから
出発した東静岡駅近くの
ビルが見えた
長沼
静岡鉄道
1
JR東静岡駅
START
長沼大橋
清水→
74
マハラジャダイニング
872歩
池田橋
グランシップ
マクドナルド
東豊田小
2018歩
池田神社
西峯田緑地
アンティーク デジャヴ
東海道本線
南幹線
池田街道
Climing
JAM 静岡
池田の森ベーカリー
大谷街道
東名高速道路

東静岡駅

東静岡駅周辺は、
もともとは貨物の駅の跡地だった。
駅ができてから、
マンションが増えたね

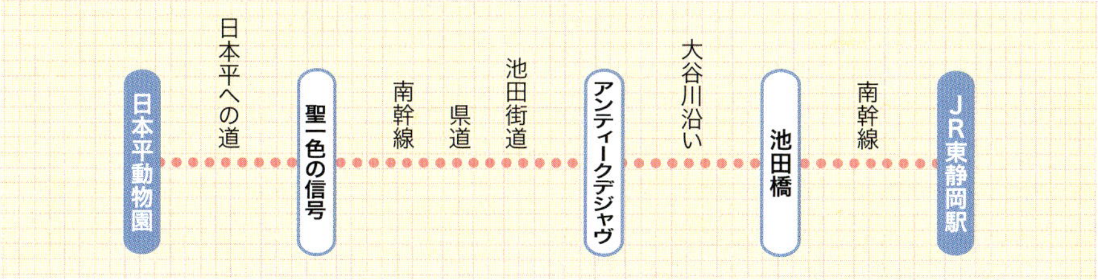
JR東静岡駅
南幹線
池田橋
大谷川沿い
アンティークデジャヴ
池田街道
県道
南幹線
聖一色の信号
日本平への道
日本平動物園

マハラジャ ダイニング

約30年前、静岡市内にいち早くオープンしたインド料理専門店。本場インドからスパイスを取り寄せ、香味野菜をベースにつくるカレーはとてもヘルシー。辛さは5段階から選べるので、辛い料理が苦手でもおいしく味わえる。ランチは好みのカレー2種にナンやドリンクが付いた900円のセットを基本に、肉料理やスープも付くセットが3種類。夜は全10品のフルコース2520円なども。

店内装飾、BGMも
インドの雰囲気満点

DATA
静岡市駿河区池田405
Tel 054-265-4000
11：00〜15：00、
17：00〜22：00（土・日曜、祝日22：00）
無休

池田神社

日本平へ向かう道の右手、住宅街の中に静かにたたずむ約1500年前から続く神社。昔は8万平方メートルの神社地を所有していたそうだが、いまは数本の巨木を背景に社殿を見るのみだ。毎年７月15日の祇園祭では太縄の輪くぐりや御札の販売、大晦日は甘酒やおでんが振る舞われる。

数百年を生きる
巨木のパワーを感じる

DATA
静岡市駿河区池田1207

腕の筋力だけに頼らず
全身をうまく使い登ろう

Climbing《クライミング》 JAM《ジャム》 静岡

自分の手足だけで岩や岩壁を登る「ボルダリング」を、気軽に楽しめる国内最大級の専門ジム。魅力は、どんな手順でどこに手足を置いて登るかと考えるゲーム感、目標のポイントまで登れたときの達成感。性別や年齢に関係なく、自分のペースで楽しめるため、家族で通う人もいるそうだ。

DATA
静岡市駿河区池田128-1
Tel 054-266-3747
平日13：00〜23：00、
土曜日10：00〜22：00（日曜、祝日21：00）
無休（臨時休業あり）

池田の森ベーカリーカフェ

緑に包まれた「池田の森」の一角で、国産小麦と天然酵母にこだわり、無添加のパンを焼き上げるベーカリー。天然酵母は焼き上げ後も熟成を続けるため、時間がたってもおいしさが変わらないのが魅力だ。購入したパンは店内で食べられるほか、カフェスペースではオープンサンドとスープ、デザートなどのランチやシフォンケーキ、自家製ジュースなどを味わうことができる。

シンプルながら
味わい深い
パンがずらり

DATA
静岡市駿河区池田1265
Tel 054-262-5580
9:30〜18:00　休/火曜日

静岡市立日本平動物園

ウサギやヒヨコなどの
小動物とも触れ合える

ホッキョクグマやライオン、トラなどをさまざまな角度から観察したり、池全体を網で覆った国内最大級のフライングケージに入って、鳥の羽音を聞いたり。園内は動物たちの生態をより楽しく、詳しく、間近で見られる工夫が満載だ。毎日定時に食事タイムの公開やキリンのエサやり体験が行われるので要チェック。山頂をつなぐオートチェアやローラースライダーも大人気。

DATA
静岡市駿河区池田1767-6
Tel 054-262-3251
9：00〜16：30（最終入園16：00）
休/月曜日（祝日の場合は翌平日休み）

南幹線と国1をつなぐ陸橋を渡って閑静な住宅地へ

OVER THE RAINBOW～♪

東静岡大橋

南幹線と
国1をつなぐ陸橋

服部麩屋

普通のお宅？
のようだけど、
覗いてびっくり！

JR東静岡駅からの2回目は2013年に開通した東静岡大橋を渡り、駅の北側へ。国1を渡って住宅街を歩いたよ。静鉄古庄駅近辺は、歩かなければ見過ごしてしまうようなスポット多し！北街道から静岡市街地に向かって歩いたら、唐瀬街道の手前で1万歩。ほぼ平坦で歩きやすいコースだけれど、住宅街だからとにかく目印が少ない。でも原田おすすめの寄り道スポットが多いので、地図をたよりに歩いてみよう！

オンフルー！
西奈南小
7001歩
5468歩
長尾川
巴川
北街道
新北街道には
食べ物のお店が
点々とある。
羊羹屋は
和菓子屋さんではない！
手作り惣菜が中心の
地元の食品店
風船工房未来
静岡東部食糧
古庄公園
コジマ
服部麩屋
古庄自動車学校
東海道本線
流通センター通り
3563歩
GOAL
唐瀬街道
羊羹屋
古庄駅
1
ティーコンシェルコーヒー
静岡鉄道
科学技術高校
1243歩
木藝舎
JR東静岡駅
START
東静岡大橋
静鉄の踏切を渡ったところの
オシャレな外観に惹かれる

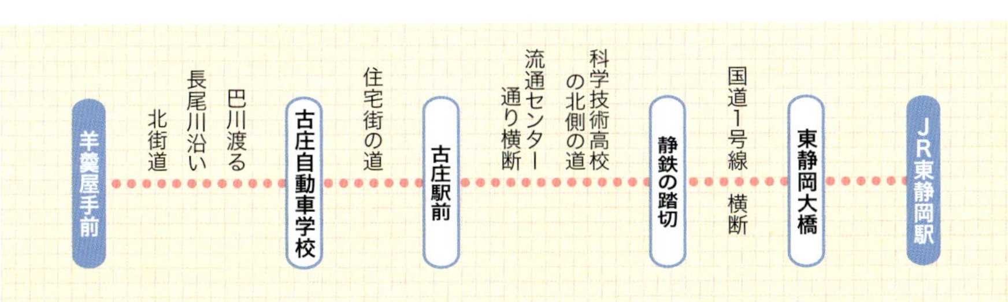
JR東静岡駅
東静岡大橋
国道1号線　横断
静鉄の踏切
科学技術高校の北側の道
流通センター通り横断
古庄駅前
住宅街の道
古庄自動車学校
巴川渡る
長尾川沿い
北街道
羊羹屋手前

お弁当は
「HIRUMESHIYA」の名で
移動販売も

静岡東部食糧

「食べてみて、気に入ったお米を買ってもらえたら」と始めたお弁当販売。米屋のこだわりが詰まったお弁当はご飯がおいしいと評判。秋には新米も登場する。幕の内タイプをはじめ丼もの、カレーなどが400～500円といううれしい価格。お米を使ったギフトの提案にも力を入れる。

DATA
静岡市葵区川合1-5-12
Tel 054-262-8887
10:30～18:00　休/日曜・祝日

お米のギフトはパッケージにひと工夫

建築士もいるので
話が聞ける

木藝舎 長沼ショールーム

住む人の夢と暮らしを感性豊かにデザインした木のぬくもりあふれる住まいのショールーム。元が材木業だけあって素材探しや技術力の高さに定評があり、家具などのインテリアも空間に合わせて制作している。家づくりはまだ先という方でも見学ＯＫ。施工例を見て勉強するいい機会だ。

DATA
静岡市葵区長沼539-1
Tel 054-293-4180（なるべく事前予約）
10：00～17：00　無休

日本料理に欠かせない生麩を作り続けて140余年、明治時代からの技を現在、5代目が継承している。もちっとした食感の生麩は、天然よもぎを練り込んだよもぎ麩、黒ごま麩など全4種。料理に彩りを添える季節の生麩は紅葉や桜など色とりどりの美しさだ。笹の香りが爽やかな麩まんじゅうは、味噌や抹茶、ゆずなど5種のあんを季節により入れ替え、受注製造。

服部麩屋

壁に小さな看板があるのみの製造所

DATA
静岡市葵区古庄3-26-29
Tel 054-261-7786
13：00～17：00
休/土・日曜、祝日

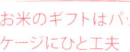

ギフトは
予算やイメージに
合わせてアレンジ

風船工房 未来

ユニークな立体ものや叩くと歌い出すタイプ、ふわふわ浮くものからスティックタイプまで、インポートの風船を中心にさまざまな商品をそろえる静岡市内で唯一のバルーン専門店。ギフトに使う人も多く、花束風やバスケットへのアレンジ、大きなバルーンの中にプレゼントを入れるなど、一味違う演出ができると大好評。パーティー会場やステージ、店舗装飾にも人気を集めている。

DATA
静岡市葵区沓谷5-5-5
Tel 0120-559-117
月・木・金曜13：00〜19：00
土・日曜・祝日10：00〜19：00
休/火・水曜日

最先端の焙煎機が各生
豆に適した温度で焙煎

ティーコンシェルコーヒー

自家焙煎したこだわりのコーヒー豆と厳選した紅茶葉を販売している専門店。カフェスペースではコーヒー、紅茶はもちろん、生パスタのランチも味わえる。店内にずらりと並ぶジャムや調味料などは日本各地から集めたご当地の逸品が多く、自宅での食事を手軽にグレードアップしたい主婦に人気だ。

DATA
静岡市葵区沓谷6-2-2
Tel 054-262-5959
11：00〜20：00（19：30LO）　無休

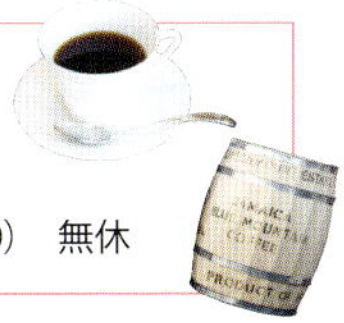

オンフルー！

珍しい花や
グリーンの
種類も多い

白い壁を飾るように並べられた色とりどりの花を組み合わせ、ブーケなどを作ってくれる。飾り方のヒントも満載で、自分ならどう楽しもうかと感性が刺激される。記念日の花を選ぶならここで、と決めているリピーターが多い。花とケーキをセットで贈れるギフトも好評だ。

DATA
静岡市葵区川合1-2-1
Tel 054-267-1139
11：00〜19：00　休/水曜日（不定休あり）

駅から1万歩のトピックス

えきとぴっ☆

静岡駅・東静岡駅

静岡浅間神社の石鳥居のおはなし

浅間神社の前、長谷通り側に立っている石鳥居は、井川の民話「てしゃまんく」と関わりがある。駿府のまちに出てきた力持ちのてしゃまんくが、重い石を一人で持ちあげ、石鳥居を完成させた。勢い余ってか、わずかに左にずれてしまい、いまでも石鳥居は傾いているとか。

静岡浅間神社

この町の出身で
タイの小国の王様にまでなった
「山田長政」にちなんだ
おまつりだよ

浅間通り

浅間神社の門前町、浅間通りには、全国的に有名な、静岡おでんの「おがわ」をはじめ、庶民的な店が立ち並ぶ。毎年秋に行われる「長政まつり」は門前町の雰囲気がガラリと変わって「タイ風」になる！

2014年春にオープンの店
「たんぽぽ」。惣菜、弁当…
手作りの味が人気

静岡おでんで有名な
「おがわ」は創業60年
以上。伝統の味だよ〜

中部の
駅から1万歩の旅

駿府のまちなかで気になっていた店大捜索！

駿府城公園
354
北街道
ONIWA
ガーデン＆カフェ
大成
中・高
日吉町駅
START
静岡鉄道
ねこふく
杏林堂
秀英予備校
桃園菓子店
1000歩
新静岡駅
伝馬町通り
ベビーランド ナカノ
GOAL
つつじ通り
723歩
静岡銀行
御幸通り
江川町通り
motion
8390歩
1
JR静岡駅

駅を出て
どちらに行こうか迷うくらい
立ち寄りスポットが
いっぱい

直径7cmの
昔ながらの
焼きカスタードプリンが
食べごたえ満点！

「ジャンボプリン」と
書かれたひさしが
いつも気になっていた。

ベビーランド
ナカノ
おもちゃ
のりもの

オモチャの
お城のような
外観

静鉄日吉町駅は、オシャレな店がひしめく、女性が注目の鷹匠地区にある。その一方で昔ながらの店も頑張っている。気になっていた店を探しながら鷹匠の路地裏をぶらつき、駿府城公園の北側へ。26ページでも触れたように浅間通りは浅間神社の参道だけあって見どころ満載！行くたびに新しい発見がある、飽きない通りだよ。寄り道スポットがたくさんあるコースなので、時間をかけて楽しみながら歩きたいね。

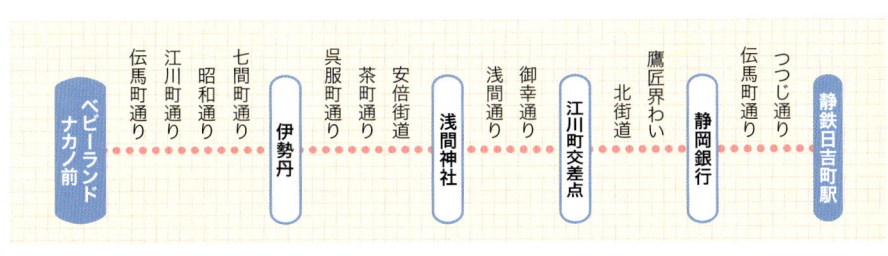

全国的にも有名な
「しぞ〜かおでん」のおがわ
夏はかき氷もおすすめ

浅間神社
安倍街道
浅間通り
安西通り
山田長政像
おがわ
幼稚園
河内屋
3720歩
茶町通り
6303歩
日銀静岡支店
呉服町通り
208
昭和通り
伊勢丹
七間町通り

浅間通りは、
何度来ても楽しい

- 静鉄日吉町駅
- つつじ通り
- 伝馬町通り
- 静岡銀行
- 鷹匠界わい
- 北街道
- 江川町交差点
- 御幸通り
- 浅間通り
- 浅間神社
- 安倍街道
- 茶町通り
- 呉服町通り
- 伊勢丹
- 七間町通り
- 昭和通り
- 江川町通り
- 伝馬町通り
- ベビーランドナカノ前

桃園菓子店

1番の人気商品
「スイートポテト」160円

親子3代にわたるファンも多いという一番人気のスイートポテトは、ザクっとした歯触りのサブレ生地の上にサツマイモの食感を生かして仕上げたペーストをこんもり乗せた素朴なお菓子。一日に何度か焼き上げるため、タイミングが良ければ温かな出来たてを味わうことができる。店頭でPRしているジャンボプリンは、昔ながらのしっかりした食感で食べ応えのある一品。

昭和12(1937)年、
和菓子店からスタート

DATA
静岡市駿河区鷹匠2-23-11
Tel 054-253-1232
9:00〜20:00(スイートポテトが売り切れ次第終了)
休/日曜日、臨時休業あり

ねこふく

猫の宴会？
一つひとつの
表情が楽しい

思わず笑みがこぼれてしまうユーモラスな猫、エキゾチックで妖艶な猫など、有名無名問わず30人ほどの作家の手により生み出された猫たちがずらり。小物、アクセサリー、彫刻などさまざまな素材、表情の猫に惹き込まれ、つい長居してしまう。幸せを呼ぶフクロウの作品もある。

DATA
静岡市駿河区鷹匠2-13-21-2
Tel 054-275-2996
11:00〜18:00　休/火・水曜日

にゃ〜♪

ベビーランド ナカノ

籐製の乳母車は
大きくて軽く、
丈夫だと人気

創業は大正時代、籐製の乳母車の製造販売からスタート。今ではベビー用品やおもちゃなど子ども関連の商品を扱うようになった。シルバーカーの品揃えにも力を入れている。毎週日曜日にはカードゲーム大会が開催され、子どもたちのにぎやかな声が響く。

DATA
静岡市葵区伝馬町21-7
Tel 054-252-2788
9:00〜19:00
休/月曜日(祝日の場合は翌日休み)

Motion《モーション》

アクセサリーやバッグなどの小物も充実！

スクランブル交差点の一角、いつもおしゃれに過ごしたい大人の女性に向け、キレイめカジュアルをそろえるセレクトショップ。海外に毎月買い付けに行くという商品は、どれも個性的。スタイル良く見せてくれるチュニックが手ごろな価格で充実。レーススタイプはフォーマルでも使えると人気だ。

DATA
静岡市葵区呉服町2-7-8 金星ビル1階
Tel054-272-1210
10：00〜19：00　無休

河内屋

浅間通りで行列のできる店として知られる

「どらやき」120円
（1人限定5個、予約不可）

名物「どらやき」の中身のあんは、毎日13.5kgの小豆を16時間かけてゆっくり炊き上げ、ふっくらと弾力ある皮は店頭で焼く。店主によると、どらやきは作って1時間後が一番おいしいので、皮は店頭で焼くとのことだ。どらやきが焼き上がる香りも光景も食欲をそそり、並んでも欲しくなるのも納得だ。

「だんご巻」2本170円

DATA
静岡市葵区馬場町12-1
Tel 054-271-4363
10：00〜19：00（なくなり次第終了）
休/日曜午後、月曜日

ONIWA《オニワ》 Garden《ガーデン》 &《アンド》 Cafe《カフェ》

鷹匠の路地裏、古民家を改装した緑あふれる一軒家は、良知樹園が営む“お庭屋さん”。庭づくりに関するあらゆる相談にのってくれるほか、モダン盆栽やエアープランツ、フラワーアレンジなどの販売、苔玉づくりや多肉植物の寄せ植えなどの教室も開いている。2階はカフェスペースになっていて、本場仕込みのスープカレーやケーキはファンが多い。

辛さは自分で調整、トッピング各種、飲物付き

定番カレー（左）　1100円
季節限定カレー（右）　1200円

DATA
静岡市葵区鷹匠2-10-25
Tel 054-221-5177
平日11：30〜17：00(LO16：00)
土・日曜、祝日11：30〜18：00(LO 17：00)
無休

清水山公園辺りから唐瀬街道へ！個性あふれるお店続出

清水の舞台？！は公園の展望台

明治42年12月に開設された。
春はお花見がおすすめ。
山のふもとは
遊具があったり水車があったり
子どもの遊び場に最適

清水山公園

展望台に上る途中に
南国の植物？

文武武道具店

初心者用から
一級品まで、
各種武道具がそろう

DATA
静岡市葵区瓦場町85-2
054-245-1664

音羽町駅から歩いてすぐの清水山公園は、静岡県最初の市立公園。地形が京都の清水寺に似ていることからこの名前が付けられた。自然いっぱいで、季節ごとにお楽しみも！清水山公園のふもと、きよみずさん通りから北街道、そして唐瀬街道へと歩くコースで、どの道も個性あふれるスポット盛りだくさん！ぜひ歩いてみて。

静鉄音羽町駅
国道1号線
静岡朝日テレビ前
国道1号線
音羽町駅
きよみずさん通り
北街道
沓谷郵便局の先
唐瀬街道
ハワイアンアカミー

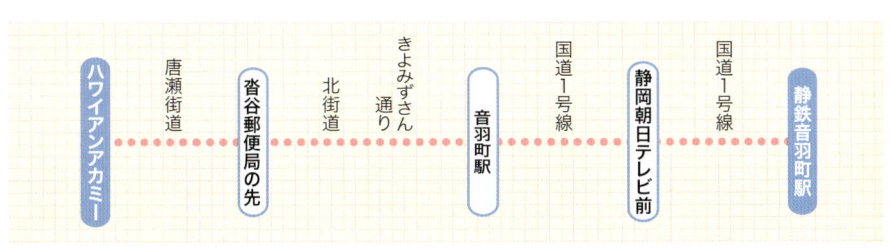

店内は色とりどりの画材でいっぱい

絵画堂

　水彩・油・アクリル絵の具が豊富にそろう、静岡では数少ない本格的な画材専門店。絵を描くことを愛する人たちが話に花を咲かせることもしばしば。世界に500セットしかない、イギリス製の超高級色えんぴつを１セット保有するなど、マニアックパワー全開の店だ。

DATA
静岡市葵区音羽町9-10
Tel 054-247-2796
10：00~19：00　休/木曜日

しゅうまいや肉団子など、お惣菜もおすすめ

魅味《みみ》

　安心素材・手作り・無添加の中華惣菜と種類豊富なお弁当がゲットできる人気店。１年ほど前から始めた、２種類の「日替わり弁当」は、栄養士も認めた栄養バランスと、驚きの安価でリピーター続出。絶対欲しい！という人は当日午前９時35分までにぜひ予約を。

DATA
静岡市葵区横田町10-1
Tel 0120-730-378
10：00~18：00
休/土・日曜、祝日

日替わり弁当2種
各320円

部活に励む高校生も満足させるボリューム

「とろとろ親子丼」650円
「和風からあげ丼」700円

キッチン塔子

　富士宮産の地鶏と地卵を用いる料理店。「昔ながらのオムライス」「スタミナやきとり丼」など、鶏の旨味を堪能できるメニューがそろう。大きなプレート皿に盛られた看板メニュー「とろとろ親子丼」は、自家製スープと返し出汁で煮た鶏とたっぷり卵４個の半熟具合が絶妙の逸品。お酒も種類豊富なので、夜もおすすめ。

DATA
静岡市葵区太田町9-3
Tel 054-246-0530
11：00~14：00、17：00~22：00
休/月曜日

Kumari《クマリ》

唐瀬街道で
ひときわ目立つ
店構え

つい時間を忘れてしまうほど華やかで楽しい、アジアン衣料や雑貨の店。店主自ら海外に赴き、タイ・インド・ネパールなどの品々を買い付けている。衣料やバッグ、アクセサリー、雑貨などリーズナブルな商品から少数民族の古布を使ったこだわりの一点物まで、個性的なアイテムが豊富。

個性的な着こなしが
楽しめる衣類は
季節ごと充実

DATA
静岡市葵区北安東5-23-23
Tel 054-248-0430
11：00~20：00　無休

アジアン衣料（1900円～）
民族刺繍ブーツ（10800円）
レザーバングル（2700円）

3歳から70代までの
生徒が楽しむフラダンス
生き生きしてるね～

ハワイアンアカミー

ハワイの有名なフラの指導者であるデューク・ダニエルさんのプロダクションで本格的なフラを学んだ小杉朝美さんが、基礎からていねいに指導するフラダンス教室。最初の3カ月は、一月分の月謝で何度も受講できる良心的なシステムがうれしい。見学も可能だ。

DATA
静岡市葵区城北2-2-18
Tel 080-4225-6007
9：00~21：00　休/日曜日

日本では珍しい
スパイス＆ハーブも

ツタンカーメン

県内唯一のエジプト料理店。珍しい料理を味わえるほか、併設する食材店もおもしろい。一見普通の青果店だが、直輸入のオーガニックハーブ＆スパイス40種類以上がずらりと並ぶ。10gなど少量単位で、量り売りしてもらえる。エジプト人オーナーが健康に良いハーブとスパイスの活用法を教えてくれる。

料理も
オススメ！

DATA
静岡市葵区北安東
5-50-18パル城北1F
Tel 054-246-0111
食材店 9：00~17：30　休/日曜日
料理店 11：00~14：00、17：30~21：00
休/水・木曜日（火はランチのみ）

細かい脇道が面白い!歩かなければ分からないスポットが盛りだくさん

DATA
清水区青葉町1-34
Tel 054-351-0303

「旧しみず道」という看板を頼りに歩こう

昔は1本の道だったという「しみず道」は区画整理などでくねくねしている。情緒あふれる道だよ。

静鉄御門台駅は静岡市清水区の清水有度第一小学校のすぐ近く。少し南へ歩くと南幹線に出る。でもここは南幹線を行かずに、富士山が真正面に見える旧東海道へ!さらに有東坂方面、大沢川、桜ヶ丘公園方面へと東に向かって歩く。そしてこの旅の大発見!「しみず道」という、なんとも趣のある道に遭遇する。魅力的なお店もあるオススメの道だよ。巴川を渡り清水銀座の近くまで1万歩で行ける。ここはもう少し歩いて、カッパ橋の近くまで行ってみよう!

SSショップ

クリーニング店の中の
サンドイッチ専門店。
どれも美味しそう。
早いときは
お昼前に売り切れることも！

よくばりサンド 430円
イカリング 220円
など

DATA
清水区桜が丘町1-15
Tel 054-354-1327
9：00~19：00　休/日曜日

周囲に遊歩道があり、季節の植物が楽しめたり、散歩にいいね！釣り糸を垂れている人たちもいたので何か釣れるらしい。昔は遊園地のボートの池だったんだって！

ナゾの松

この松は一体
どうなっているの???
なぜ支えが???

その昔松並木だったが残った松はわずか。倒れそうなので添え木で支えている。40年以上ココでお米屋さんをやっている佐野米穀店さんが教えてくれた

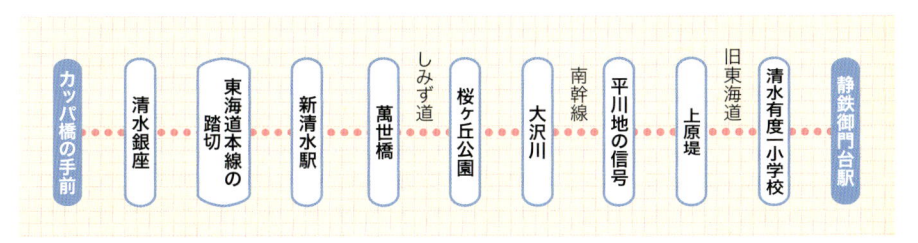

天気が良ければ
富士山に向かって
歩くカンジ

佐野米穀店の
おかみさんオススメ

静鉄御門台駅 ・・・ 清水有度一小学校 ・・・ 旧東海道 ・・・ 上原堤 ・・・ 平川地の信号 ・・・ 南幹線 ・・・ 大沢川 ・・・ 桜ケ丘公園 ・・・ しみず道 ・・・ 萬世橋 ・・・ 新清水駅 ・・・ 東海道本線の踏切 ・・・ 清水銀座 ・・・ カッパ橋の手前

しみず道

旧東海道の追分羊羹本店の横に「是より志ミづ道」という石塔がある。ここが「しみず道」の入り口で、港付近までつながっていた。「追分」という地名は東海道としみず道の分岐点ということが由来。風情のあるステキな散歩道だ。

かき氷やおしるこのあずきは神戸商店の物だよ

南幹線通り越して小道へはいってつきあたりに「おあ志す」という「甘味茶房」

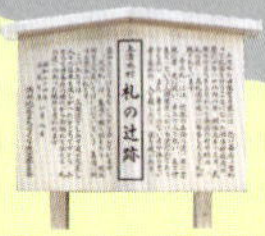

上清水八幡神社は源義家が創設した由緒ある神社。義家手植えとされる大楠がある。

DATA
静岡市清水区桜が丘町4-13
Tel 054-352-9584
10：00~19：00　休/月曜日

神戸商店

藍染めののれんに「創業百有余年」の文字。店主の神戸忠三さんは「たぶん明治ころからやって自分は４、５代目かな」と笑う。手作りの豆菓子は昭和初期の風情。落花生を上白糖でくるんだ「落花糖」は豆の風味と砂糖のバランスが絶妙。他では味わえない逸品！おつまみにすればお酒が進みそうな、大粒で風味豊かな千葉県産の落花生も見逃せない。

手作り豆菓子、どれも懐かしく味もGOOD

看板商品の落花糖、いくらでも食べられそう♡

神戸忠三さん、節子さん夫妻

DATA
静岡市清水区上清水町5-49
Tel 054-352-1470
7：00~19：00　ほぼ無休

キッチンポット

中に入るとすぐ、ガラス張りの厨房が目に入る。シェフの松永哲弥さんは、自信を持って見せられる仕事だからと、ガラス張りにした。ランチメニューは、ハンバーグやオムライスなど洋食屋さんらしい定食がズラリ。和風ハンバーグランチは肉汁たっぷりハンバーグが特製しょうゆだれとベストマッチ。7日間煮込んだビーフシチューもぜひ食べたい。

和風ハンバーグ　1030円

温泉卵との相性も抜群なソースが決め手。ライスかパン、スープ、マカロニサラダ、飲み物が付く

DATA
静岡市清水区有東坂2-276-5
Tel 054-345-5313
11：00~14：30LO、
17：00~21：00LO
休/木曜日

戦前から出しているというラーメンもおすすめ

青柳

大正2年創業のそば店。「かっぱそば」はすぐそばの稚児橋の通称が「カッパ橋」ということから、茶そばの上にサクラエビのかき揚げ、大根おろしを真ん中に置いてカッパの皿をイメージ。「わらじそば」はこの辺りが旧江尻宿だったので黒はんぺんの天ぷらをわらじに見立てたメニューだ。

DATA
静岡市清水区江尻町6-11
Tel 054-366-2162
11：00~14：30、17：00～19：30
休/水曜日

かっぱそば
900円

わらじそば
700円

タケダフルーツ

さまざまなフルーツ生ジュースが有名な果物専門店。学生からお年寄りまで幅広い年代に愛される生ジュースだ。一番人気のいちごは静岡いちごの代表「紅ほっぺ」と「章姫」をほどよくブレンド。お盆と正月は、懐かしの味を求める里帰りの家族で大盛況。

いちごジュース
180円

DATA
静岡市清水区銀座1-9
Tel 054-364-3050
10：00~18：00　休/水曜日

次郎長親分ゆかりのスポットから 海を越え三保半島へ!!

塚間航路を使ったけど、三保まで一気に行っちゃう航路もあるヨ

万歩計をいったん停止して乗船

世界遺産の構成資産三保の松原と富士山の眺めはステキ〜

静岡鉄道の終点、新清水駅からの1万歩はちょっと冒険!まずは巴川方面を歩いてみる。巴川沿いの次郎長ゆかりのスポットをいくつか回れるし、次郎長通り商店街も楽しい。日の出埠頭の近くにはエスパルスドリームプラザもあり、ぶらつくにはもってこい。水上バスで三保半島に渡り、塚潮風を感じながら反対側の三保灯台まで歩けば爽快だよ!時間と体力があれば、世界遺産構成資産の三保の松原もぜひ!

清水駅
新清水駅
START
静岡鉄道
149
さつき通り
ドリームプラザ
人気の三保羽衣ライン
三保海水浴場
三保マリーナ
清水灯台
(三保灯台)
GOAL
巴川
清水浜田小
1408歩
1626歩
水神社
水上バス
船橋舎織江
日の出
三保ふれあい広場
10607歩
台所や
8271歩
カフェMidi
10000歩
次郎長通り商店街
3895歩
塚間
夜は暗い道。
散歩は
明るいうちにね。
清水次郎長生家
清水総合運動場
陸上競技場
相生保育園
清水港
三保街道
150
次郎長通り商店街は
個性的な店が
たくさんあるよ〜
次郎長通り

日本初、
鉄筋コンクリート造りの
白亜の灯台

水神社
風と波を鎮めるため、
水を司る水神様を祀る

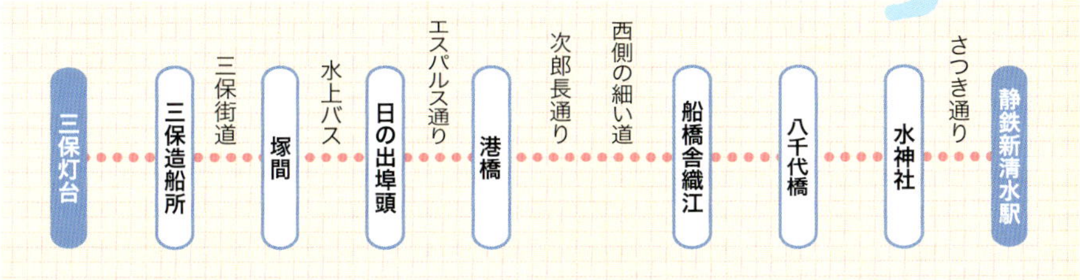

静鉄新清水駅
さつき通り
水神社
八千代橋
船橋舎織江
西側の細い道
次郎長通り
港橋
エスパルス通り
日の出埠頭
水上バス
塚間
三保街道
三保造船所
三保灯台

船橋舎織江

創業は江戸時代の文化5（1808）年という老舗和菓子店。次郎長が指で饅頭を押しつぶし、売り物にならないだろうと子どもたちに配ったという逸話のある「ゆび饅頭」をはじめ、小豆あんたっぷりの三笠山、ふんわりと優しい甘さのワッフルなどが人気だ。併設する「おしるこ喫茶」では、自家製の小豆あんや餅入りのおしるこ（冷・温4種）やあんみつ、お雑煮などが味わえる。

ゆび饅頭
（こしあん、みそあん）110円

「おしるこカッポレ」は白玉入りの冷製しるこ。「おしるこ喫茶」で食べられる

DATA
静岡市清水区上2-1-20
Tel 054-352-6915
9：00～19：00（おしるこ喫茶は11：00～17：00）
休/水曜日

台所や

隣でブティックも経営する中田和恵さんが始めた惣菜とパンの店。根菜類たっぷりのうま煮や豚の角煮、煮魚、焼き鳥、コロッケなど普段使いの惣菜は毎日食べても飽きない味付け。10時頃が、すべての商品が出来上がってくる時間帯だ。無添加にこだわるパンの種類も多い。

DATA
静岡市清水区清水町5-12
Tel 054-354-1177
8：00～19：00
休/水曜日、第3土曜・日曜日

木曜の午後3時ころから
天然酵母パンも販売

次郎長生家

お土産に人気の勝負事
に強くなるという勝札

幕末から明治にかけ全国に名を知られた大親分、清水の次郎長。地元清水の振興に尽力したことでも有名だ。当時のままに保存された生家では、産湯に使った井戸をはじめ、写真や愛用の品、資料などを見ることができる。次郎長になりきり記念撮影できる衣装もあるので要チェック。

DATA
静岡市清水区美濃輪町4-16
Tel 054-353-5000
10：00～16：00(土・日曜・祝日は17時)
休/火曜日(祝日の場合は翌日休み)

三保ふれあい広場

旧三保駅0Mと表記されたプラットホーム跡

旧国鉄清水港線の終点「三保駅」があった場所を整備した公園にはプラットホーム跡が残り、貨物車両の牽引、入れ換えに使われていたディーゼル機関車の静態保存なども見ることができる。敷地内には高さ7メートルの津波避難タワーもあり、屋上の望遠鏡から景色を眺められる。

DATA　静岡市清水区三保

水上バス

海上から360度の大パノラマ。晴れた日には富士山が望め、爽快なミニクルーズが楽しめる。人気の航路は、日の出から三保の海水浴場桟橋までを結ぶ三保羽衣ライン「ちゃり三保（さんぽ）号Ⅱ」で行く三保松原観光。自転車も乗せられるので、サイクリングで利用する人も。塚間航路は平日の市民の足として活躍。

DATA
静岡市清水区日の出町
Tel 054-353-2221
三保羽衣ライン/毎日運航
（平日8便、土・日曜、祝日13便）
塚間航路/月～土曜日運航

Café Midi《カフェ ミディ》

キッシュの洋風ランチ 1100円
内容は月替わりだ

ランチは和洋各限定６食だよ!

ドーム型の建物が目を引く

キノコのような不思議な建物は、店主の小島久美子さん夫妻が3年の歳月をかけて建築したもの。明るいドーム型の空間は居心地が良く、定期的にコンサートも開かれている。人気のキッシュの洋風ランチと、ごはんの和風ランチは、三保半島で収穫された野菜や地元産の魚を中心に使っている。自家焙煎コーヒーとスイーツ2種付きで1100円はうれしい。

冬は薪ストーブ（写真中央）で焼きマシュマロをサービス

手づくりスイーツも人気

DATA
静岡市清水区三保2125
Tel 054-334-9569
11：00～17：00
休/土・日曜・祝日、8月
臨時休業あり（ブログでお知らせ）

サクラエビと東海道の町並み。由比から蒲原へ一直線

東名高速道路
三芳食堂
GOAL
郵便局
東海道本線
蒲原駅
1
6700歩

旗と看板を目印に、店のある小路へと曲がる

三芳食堂
営業中

顔はめ看板にも由比らしさが

ようこそ由比へ

江戸時代、参勤交代で大名が宿泊した「本陣」の跡地に整備された公園。日本庭園や東海道由比宿交流館（大人150円）、東海道広重美術館（大人500円）も楽しめる

由比本陣公園
東海道広重美術館

門構えがステキ！

由比といえばサクラエビ！駅を降りるとサクラエビの看板がお出迎え。駅から旧東海道を東に向かって歩く。江戸時代、由比宿のあったこの辺りは、町並みも当時の面影が残る。由比本陣跡や広重美術館などを訪ね歩くのもオススメ。明治や大正時代に建てられた建物も残っていて、いくつもの時代をタイムトリップ！脇道に入って寄り道しても、蒲原駅を過ぎたあたりまで1万歩で行ける。

切り絵や
竹細工などの作品が
所狭しと並ぶ

由比駅
YUI STATION

神沢川酒造
リカークラブ鯵岡
4693歩
76
由比中
由比本陣公園
由比缶詰所
1592歩
ギャラリーこぼく
東名高速道路
清水銀行
旧東海道
正雪紺家
渡辺忠夫商店
JR由比駅
START

江戸時代の軍学者で
3代将軍家光の死後
幕府転覆を狙った
由比正雪の実家と
言われている

国登録有形文化財の
大正時代の
レトロな建物

JR由比 …… 旧東海道 …… 由比缶詰所 …… 旧東海道 …… 三芳食堂 …… 旧東海道 …… 蒲原駅 …… 蒲原郵便局過ぎ

時代を感じさせる藍染の作業場

正雪紺屋

軍学者、由比正雪の生家といわれている、江戸時代初期から400年続く染物屋。土間にはかつて染物に使った藍瓶や、火事の際に貴重品を持ち出すのに使った用心篭などの道具が昔のままに残されている。見学はできないが、裏庭に正雪ゆかりの品が眠るとされる祠が祀られている。

DATA
静岡市清水区由比68
Tel 054-375-2375
9：00～17：00　不定休

さまざまな絵柄の手ぬぐい、和小物を販売

桜えび漁は、春漁と秋漁の年2回行われる

桜えびごはんの素 500円

渡辺忠夫商店

水揚げされたばかりの桜えび、しらすを由比漁港から直接仕入れて製造加工。漁期限定の生をはじめ、釜あげ、天日干しを中心に、太刀魚の醤油干しなどの干物も販売。「桜えびごはんの素」は、米と一緒に炊くだけで風味豊かな桜えびご飯が簡単に食べられると人気の商品。

DATA
静岡市清水区由比町屋原85
Tel 054-375-2917
8：00～17：00　休/水曜日

由比缶詰所（直売所）

大きく分けて綿実油漬、オリーブ油漬の2種

「自分が一番食べたいと思うものを作りたい」という社員の声により誕生したホワイトシップ印のまぐろ油漬け。白色の肉質が美しい最高レベルのビンナガマグロを蒸し、血合いや骨を手作業でていねいに取り除いた後、一番搾りを集めた綿実油、オリーブ油に漬けて半年ほど熟成させて完成というこだわりの品だ。直売所が人気で、県外から足を運ぶ人も多い。

全国にファンの多いホワイトシップのまぐろ油漬

綿実油漬（小）フレーク151円～

DATA
静岡市清水区由比429-1
Tel 0120-272-548
8：00～17：00
休/土・日曜日、祝日

三芳食堂

たっぷりのトマトソースと玉子の黄色が目に眩しい一番人気のオムライス。チキンライスを卵3個分の卵焼きで包んだ、昔ながらのやさしい味わいだ。半分ほど食べた時点で添えられたレモンをソースに絞れば、爽やかな風味が加わり二度目のおいしさが訪れる。豚の焼肉をたっぷり載せた「特製チャーシューメン」や平日限定のセットなどおすすめ多数。

看板メニューの「オムライス」750円

平日のセットメニューも要チェック！
煮カツセット750円
ラーメンセット700円

ボリューム満点の「特製チャーシューメン」700円

DATA
静岡市清水区蒲原堰沢305
Tel 054-385-3040
11:00〜14:30、16：30〜19:30
休/木曜日

軒先の「酒林」が新しくなったら新酒の完成

神沢川酒造場

蔵の名前にもなっている神沢川の水で、由比正雪にちなんだ「正雪」を醸造。「飲み飽きせず盃の進む酒」を目指し、平成25年度に現代の名工に選ばれた南部杜氏の山影純悦さんはじめ7人の蔵人が作業にあたる。直売所で商品が購入できる。

DATA
静岡市清水区由比181
Tel 054-375-2033
8:30〜18:00　休/日曜・祝日

リカークラブ 鯵岡

店主夫妻が酒選びのアドバイスも

由比の蔵元「神沢川酒造」と「英君酒造」の日本酒を中心にした酒とワインの専門店。店主夫妻が試飲してすべての味を把握しているため、細かく相談にのってもらえ、好みの１本を選んでもらうことも。「正雪」の純米大吟醸で作るわさび漬は滑らかで香りの良い一品。

DATA
静岡市清水区由比201
Tel 054-375-2409
9：00〜19：00　休/月曜日

おすすめの手作りわさび漬 580円

シラス三昧の用宗！
オシャレな穴場も発見してご機嫌！！

はせがわ大栄の
おでん、かき氷で一休み。
夏の週末・祝日のみ営業

1万歩以上
歩いて食べたかき氷は
格別の味♡

用宗駅は港が近いとあって駅を降りると潮の香りが漂う。とにかく海に向かってレッツゴー。シラスの水揚げで有名な用宗漁港。運がよければシラス干しの作業が見られるかも。お得なシラスの丼はぜひ食したいところ。このあたりはカフェや雑貨店もあり、歩いて立ち寄れるのが嬉しい。用宗街道沿いに、オシャレな雑貨屋さんを見つけたよ。今回は国道150号から南安倍川橋を渡り、大浜プールの前までがんばって歩いたよ。

用宗漁港
漁港では若い(当時16歳)の漁師さんに出会った!
シラス干しの光景を
見ているとやってみたくなるけど、
結構重労働
しらす丼
安倍川駅
川原通り
ロケ当時、
新人アナだった
ウッチーこと内山絵里加
アナウンサーの
初ロケ!
市立長田南中
東海道本線
366
マルナカ水産
Timeless
市立長田南小
広野スポーツ
用宗街道
サリーズカフェ
JR用宗駅
START
どんぶりハウス
用宗漁港
持舟窯
小林商店
400歩
駅前から
シラスや干物を
扱う店を発見

JR用宗駅 ― 駅前から海への道 ― 持舟窯 ― 用宗緑地前の道 ― 用宗漁港 ― 漁港周りをぐるり ― マルナカ水産 ― 用宗街道 国道150号 ― 南安倍川大橋 ― 大浜プール前

どんぶりハウス

用宗漁港で水揚げされた新鮮なシラスをたっぷり味わえるとあり、観光客にも人気の漁協直営食事処。天候に恵まれ、出漁できた時限定の「生しらす丼」、ふわっとした食感の「釜揚げしらす丼」（500円）のほか、マグロの漬けやネギトロ、シラスとマグロの両方が味わえる丼など全7品を提供している。漁港の穏やかな景色、潮風は心地良く、お腹はもちろん心も大満足だ。

船が出たときしか食べられない！
「生しらす丼」600円

欲張りさんにおすすめ！
シラスとマグロの２色丼800円

直売所には
生シラスをはじめ
加工品も多数

DATA
静岡市駿河区用宗漁港
Tel 054-256-6077
11：00〜14：00（直売所9：00〜16：45）
休/ 1月16日〜3月20日の禁漁期の木曜日、荒天時

アンティークから現代
の若手作家の作品まで
個性的な雑貨が並ぶ

タイムレス ギャラリー＆ストア

ツタに覆われた階段の先、ゆったりとした時間が流れる雑貨店。国内外の職人が手がける文房具やキッチン用品、家具など、こだわりを感じる品々はギフトにもおすすめだ。季節の変わり目に開催される「Dish Gallery」では一人の作家に焦点を当てて作品を紹介、ワークショップを行うことも。

DATA
静岡市駿河区用宗1-27-5
Tel 054-266-9981
11：00〜20：00　不定休

持舟窯《もちぶねがま》

松並木越しに広がる海を眺めながら土をこね、作陶に没頭すれば、気持ちもリフレッシュ。窯主の東川小夜子さんが水・木曜に開催する教室は笑い声にあふれ、器から小物、人形まで好きなものをつくることができる。ギャラリーではコーヒーを飲みながら作品を鑑賞、購入も。

DATA
静岡市駿河区用宗4-17-10
Tel 054-256-2804
10：00〜17：00
休/月曜日（祝日の場合は翌日休み）

夏は海の家として営業し、
陶芸教室はお休み

1万歩のあやコラム

生シラス♡
感激だった

内山絵里加アナウンサーは初ロケ、初生シラス。シラス干し作業にも挑戦してぐったりかと思いきや、元気に１万歩以上歩いた。

マルナカ水産 直売店

温かな出来たての
釜揚げシラスが
味わえるかも
営業中

獲れたての生シラスをはじめ、旨みが濃くふわっとした釜揚げや潮風にあてて天日干ししたちりめん、秘伝たれに漬けた食感ぷりぷりの漁師漬けなど、用宗漁港で水揚げされたシラスのおいしさを存分に味わえるこだわりの品が手に入る。底引き漁が行われる冬季は各種干物も製造する。

DATA
静岡市駿河区広野3-24-5
Tel 054-257-3820
9：00～17：00
休/日曜、祝日

サリーズカフェ

潮風の香りと港の風景に気分も開放的になれるカフェ。気候が良い時期は屋外のテラス席がおすすめ、ワンちゃんも一緒にくつろげる。ランチタイムはパスタやドリアなどのメインにデリ3品とドリンク、サラダが付いてお得。さらに人気の自家製ケーキもサービス価格260円でセット可。旬の料理や新作メニューが毎月登場、土・日曜、祝日は11時までモーニングメニューも味わえる。

DATA
静岡市駿河区広野5-11-15
Tel 054-259-9961
11：00（土・日曜9：00）～22：00（土曜23：00）
休/火曜日（祝日の場合は翌日休み）

メニューはどれも
テイクアウト可能

さかなの町のもうひとつの顔？！ 商店街が楽しい焼津

駅前の足湯にカジキマグロのオブジェとは焼津ならでは

焼津神社

本殿は徳川家康により建てられた

8月の大祭は東海一の荒祭といわれる勇壮さ！

焼津はさかなの町で、「カツオ」や「マグロ」が有名。駅前の商店街がおもしろくて歩きまわっちゃった。昭和レトロな感じの商店がいっぱい。思わぬお宝、なにこれ？ってものが見つかるよ。それぞれの商店街に理容店が多いのにも驚き！さかなの町あらため床屋さんの町？商店街を抜けて、路地裏に落ち着いたカフェを見つけた。港まで行かなかったけれど街中でも削り節の香りがして、焼津っぽさを満喫できるよ。

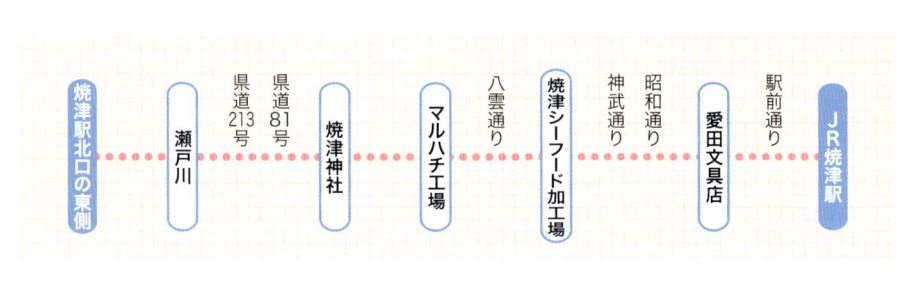

JR焼津駅 → 駅前通り → 愛田文具店 → 昭和通り 神武通り → 焼津シーフード加工場 → 八雲通り → マルハチ工場 → 県道81号 県道213号 → 焼津神社 → 瀬戸川 → 焼津駅北口の東側

瀬戸川
駅北通り
213
GOAL
JR焼津駅
START
ペットショップ
30
81
黒潮温泉足湯
ナカノ金物店
248歩
おでんの駅みちくさ
森屋青果店
660歩
駅前通り
金物店には
便利なグッズが
いっぱい
アナログ世代を
代表する文具が！
1284歩
愛田文具店
薬局
焼津東小
1532歩
藍画廊
焼津港
MASUYA
焼津市役所
いちょう通り
昭和通り
八雲通り
焼津神社
5381歩
焼津市役所
アトレ庁舎
角屋
カネオト石橋商店
焼津浜食堂
理容マチダ
4359歩
スルガ銀行
Luftpause《ルフトパウゼ》
416
マルハチ工場
神武通り
歩いたからこそ
出合えた喫茶店。
ぱっと見
普通の住宅
焼津シーフード加工場
3455歩
昭和32年創業。
店主と昔話に花が咲く。
焼津の商店街は
理容室が多い！！

MASUYA

目標達成で特典ありのダイエット企画が好評!

1枚羽織るだけでサマになるアウターや、足のラインがきれいに出るデニム素材のパンツ、遊び心のあるデザイナーズブランドなど、流行をさりげなく取り入れておしゃれができる、大人の女性のためのファッションアイテムが自慢。スカートやワンピースの品ぞろえも充実。

DATA
焼津市本町2-11-5
Tel 054-629-2000
10：00～19：00　休/水曜日

焼津駅前足湯

活きの良いカジキマグロのオブジェが目印

地下1500m、太古の地層から湧出する「やいづ黒潮温泉」は、海水の約半分の塩分を含む弱アルカリ性。切り傷、くじき、神経痛、疲労回復などに効くと言われる。駅前にある足湯は源泉をかけ流し、気持ちの良いお湯を無料で楽しめる。

DATA
焼津市栄町1丁目、JR焼津駅南口
Tel 054-626-2155（焼津市観光振興課）
9：30～17：00
休/雨天、定期点検などの検査時、年末年始

カネオト石橋商店・焼津浜食堂

一番人気は「海鮮丼＆まぐろ生姜焼セット」1280円

明治35（1902）年創業の水産加工製造の専門店。直売所には、脂ののったカツオやマグロを使った、なまり節をはじめ、カツオのへその味噌煮や塩辛、角煮など、焼津ならではの美味が並ぶ。2階の食堂では前浜で水揚げされた魚を使った定食や丼、土産にもできる地元の珍味などを、窓の外に広がる駿河湾を眺めながらを堪能できる。

焼津の味が勢揃い!

DATA
焼津市城之腰91-5
Tel 054-628-2920
直売所10：00～16：00　休/土曜、隔週火曜日
食堂　11：00～14：00　休/火曜・土曜日

Luftpause《ルフトパウゼ》

ゆったりと落ち着ける、大人の隠れ家のようなクラシックカフェ。音の良さで定評のある名門ブランド「TANNOY」のスピーカーにこだわり、壁一面に並ぶ約5000枚のCDから好みの曲を聴かせてくれる。クラシックにとにかく詳しい佐藤さんとの会話も楽しみの一つだ。6～7時間かけて抽出するという自家製水出しコーヒーは、コクと香りが豊かに広がる人気のメニュー。

コーヒー、紅茶 各400円

豆はコーヒー通に人気の「苑」（藤枝市）から仕入れる

クラシック音楽を聴きながら癒やしのひとときを過ごせる。

DATA
焼津市焼津5-8-1
Tel 054-628-2382
10:00～20:00（16:00 閉店あり）
休/月曜、第3日曜日

味噌タレをかけ、仕上げにだし粉をぱらり。一番手前がカツオのへそ

おでんの駅 みちくさ

焼津市が全国一の生産量を誇るなるとや黒はんぺん、出合えたらラッキーなカツオのへそなど、焼津おでんが60～100円というれしい価格。おでん用に仕込んだ鶏がらスープで作るラーメンもあっさりした味わいで人気だ。「焼津まちの駅」になっているため、休憩だけで立ち寄ってもOK。

DATA
焼津市栄町3-3-33
Tel 054-629-3494
11：30～19：00
不定休

角屋

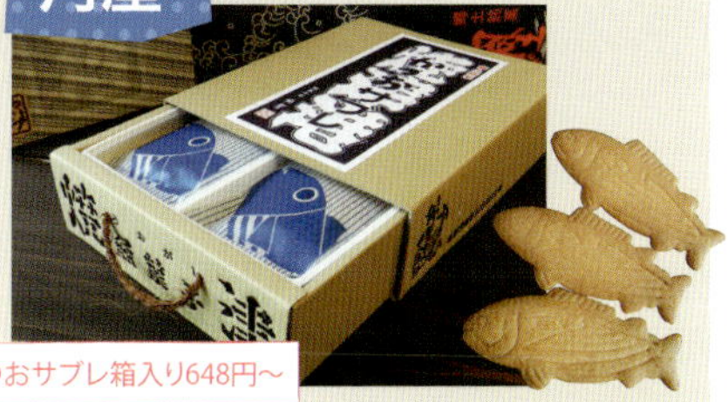

かつおサブレ箱入り648円～

焼津土産として人気の「かつおサブレ」は、さくっと香ばしいカツオ型。魚を運ぶトロ箱風のパッケージ入りというなんとも心憎い演出だ。創業当初から続くみそまんじゅうは、皮に味噌と醤油を練り込んだ素朴な一品。毎月30日には市内10店舗の味比べができる詰め合わせを数量限定で販売。

DATA
焼津市本町5-7-8
Tel 054-628-3870
10：00～18：30
休/水曜日（臨時休業あり）

藤枝駅南地区で出合った和洋スイーツに心もホッコリ♡

5127歩
田沼公園
東海道本線
田沼公園ではボールを蹴る2歳児に会った。さすがサッカーのまち
田子重
3841歩
Annyのお気に入り
ジーシーシール
GC SEAL
ここは一方通行の細い道
1270歩
ザ・ビッグ
藤枝田沼店
石上洋服店
田沼街道
田沼街道は、江戸時代、老中にまでなった田沼意次が作ったことからこの名がついた
丸倉
1152歩

洋裁好きな人が満足する布地が豊富に揃う

DATA
藤枝市田沼3-15-5
054-365-0051

藤枝駅南口から歩いてみたよ。この辺りは居酒屋が多いことでも知られている。夜も魅力的なんだろうな〜。また冬は「ルミスタ藤枝」のイルミネーションで彩られ、藤枝駅南通りは幻想的な雰囲気に。藤枝はスイーツのまちとしても有名だから、ケーキ屋さんが多い！北口エリアの古くからある商店街と違って、南側は住宅地が多いけど、ところどころに個人商店もあり、お店の人はフレンドリー。田沼街道は大型店舗が増えてにぎやか。地元の神社もお参りして駅に戻れば、藤枝駅南をほぼ制圧かな！

足湯は市民憩いの場所
10:00～20:00

元気ふじ

足湯発見！
温泉で癒やされる。
藤棚の下っていうのが
藤枝らしい
南口からGO！
きれいな
駅前だよ
JR藤枝駅
START&GOAL
オーレ藤枝
丸倉のお客さんが
「おいしい！」と教えてくれた
和菓子店
保月
6896歩
アピタ
前島神社
BiVi藤枝
8912歩
藤枝順心高校
プルクワ パ?
スイーツのまちだから
ケーキ屋さんに
行かないと！
秋祭りや七五三など
地域で親しまれる
前島神社

藤枝駅 ・・・ 駅前の通り ・・・ BiVi藤枝 ・・・ 前島神社 ・・・ 県道の側道 ・・・ 駅前広場 ・・・ 田沼街道 ・・・ 田沼公園 ・・・ 細い道 ・・・ Annyのお気に入り ・・・ 田沼街道横断 住宅街をぐるり ・・・ 藤枝順心高校の先の大きな交差点 ・・・ 駅前の通り ・・・ 藤枝駅

プルクワ パ?

北海道産小麦粉や静岡産まれの卵など、パティシエの太田亜美さんがこだわる素材の味を大切にしたシンプルなケーキが並ぶ。香料、着色料、乳化剤などの添加物を使用せず、子どもたちにも安心。人気のロールケーキやプリンのほか、沖縄の塩を使った「蒸し焼き雪塩チーズ」は、ぜひ味わってほしい逸品だ。高級煎茶葉を使った「静岡クッキー」も人気。

DATA
藤枝市田沼3-1-25
Tel 054-637-2818
9:00〜18:00(土・日、祝日〜19:00)
休/火曜日

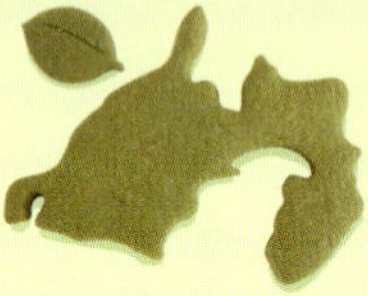

「蒸し焼き雪塩チーズ」ホール1620円
お茶色の静岡県!「静岡クッキー」183円

ギフトに大好評!
おむつケーキ

Anny《アニー》のお気に入り

キュートな外観に、店内は色とりどりの雑貨。衣類にキッチン用品、ファブリック、体にやさしい食品、と女心をくすぐるラインナップ。出産祝いなどギフトに喜ばれる「タオルケーキ」や「おむつケーキ」は、オリジナルのデコレーションがかわいい。スタッフとの会話がはずむハートフルな店だ。

DATA
藤枝市田沼2-20-22
Tel 054-634-0970
10:00〜20:00　休/年末年始

オリジナルジュース
人参　1852円
トマト　2592円

ICチップで、
本が自動貸出機で
簡単に借りられる

BiVi藤枝

藤枝駅南口すぐの複合施設で、映画館(シネコン)にファッション、グルメの店などで構成される。市立図書館が入っているのが特徴で、美容専門学校や外国語教室など教育施設の一面も。話題のインディーズアーティストが出演する自主企画のイベントも楽しい。

DATA
藤枝市前島1-7-10
Tel 054-270-4205(管理事務所)
営業時間は店舗ごとに設定
hp://www.e-bivi.com/fujieda/
無休　図書館 休/月曜日(祝日の場合翌日休館)

1万歩の あやコラム

ブラウンシュガー
藤枝市駅前2-6-8　11:00～19:00
無休　054-643-5250

スイーツのまちづくりをうたっているだけあって、お菓子屋さんがいっぱいの藤枝市。北口からの1万歩で寄ったこのお店、ワタシのお気に入りのケーキ屋さんのひとつ♡

GC SEAL《ジーシー シール》

希望にそって
オリジナルシールを
デザイン

窓にシールを貼った会社を発見！ここでは、オリジナルシールやラベルなどを、1枚から作ってくれる。一般のお客さんも大歓迎。婚礼や長寿のお祝いに、本人の顔のシールを貼った記念品を配るなどいろいろ活用してみては。Soleいいね！のシールも作ってもらった！

DATA
藤枝市田沼2-17-24
Tel 054-634-4555
8：30～17：30
休/土・日曜、祝日

保月

新築マンションや新店の多い藤枝駅南で、40年以上前から店を構え、地域の人たちに愛されている和菓子店。地酒「志田泉」の純米大吟醸を使った「酒ケーキ」は日本酒がたっぷりしみ込んだ大人の味わい。瀬戸谷の抹茶を生地やクリームに加えた焼き菓子「藤枝自慢」、蓮華寺池の藤の花の粉末を紫芋のあんに加えたパイ「藤の花の樹の下で」も人気。手みやげにぜひ！

街の「ちょっくらいっぷく処」
にもなっている

「藤枝自慢」140円
「藤の花の樹の下で」140円

DATA
藤枝市前島1-10-25
Tel 054-635-3367
9:00～19:00　休/木曜日

川根路の山あいを ひたすら歩く森林浴の1万歩！

川根温泉笹間渡駅

映画に出てきそうなレトロな駅舎

駅の文字が旧字「驛」

川根温泉のある大井川鉄道の笹間渡駅をスタート。笹間渡駅から家山の集落へと歩く。大井川鉄道の駅舎がレトロですてき。駅と駅の間はほとんど山道で立ち寄りスポットがないけれど、木々の香りや風を感じながら歩くのもいい。のどかな田園風景が広がる場所も。桜の名所としても知られる家山では、駅周辺に名物の店が集合している。紅葉の季節もおすすめだよ♪

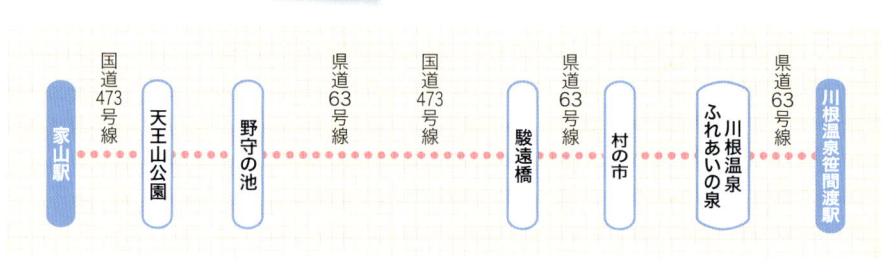

川根温泉笹間渡駅
県道63号線
川根温泉ふれあいの泉
村の市
県道63号線
駿遠橋
国道473号線
県道63号線
野守の池
天王山公園
国道473号線
家山駅

駅構内のカフェ「ひぐらし」

SLを見ながら
ゆっくりと
コーヒーはいかが？

DATA
Tel 0547-53-2237
10:30 - 17:00
休/日・月曜日

川根温泉笹間渡駅
START
711歩
ナカヤ石油
←千頭
川根温泉
ふれあいの泉
村の市
2752歩
抜里駅
大井川
63
473
大井川鉄道
たいやきや
7890歩
4835歩
6018歩
天王山公園
8891歩
家山駅
GOAL
野守の池
63
寿園

宿泊も日帰りも
OKの温泉施設
ドッグランや
ドッグカフェもある

SBSテレビで放送された日本放送文化大賞を受賞したドキュメンタリー番組、「サヨばあちゃんの無人駅」の舞台となった駅舎。

森林浴しながら
坂道を下ろう

家山駅で
足湯に入ろう！！

ヘラブナ釣りの
名所らしい。
ぐるっと一周
してみては

川根温泉 ふれあいの泉

道の駅売店の
横にある無料の
足湯も人気!

全浴槽源泉かけ流しの浴場と各種温泉やサウナなど、水着で家族一緒に楽しめるプールゾーンもある日帰り温泉施設。お湯はやわらかで、肌へ浸透しやすく、湯冷めしにくいと評判だ。さらにうれしいのは、お風呂につかりながら、1日1往復するSLの勇姿を眺められること。地元産の野菜や温泉成分の入った石けんなどが並ぶ売店も要チェック!

SLを
眺めながら
入浴!

人気商品粉末
「川根の湯」

DATA
島田市川根町笹間渡220
Tel 0547-53-4330
9：00～21：00（20:30最終受付）
休/毎月第1火曜日（変動あり）
料金（温泉）　大人510円　子ども300円

たいやきや

「抹茶たい焼き」150円。
餡は北海道産の小豆から
自家製

創業53年、家山名物の「抹茶たいやき」は150円。たっぷり入ったあんは、つぶあん7：こしあん3で、滑らかさと豆の食感を両立させた黄金比率。上質の川根煎茶を炒ったものを生地に練り込んでいるから、お茶の風味が生きている。「やきそば」500円や「しずおかおでん」100円なども人気。

DATA
島田市川根町家山668-3
Tel 0547-53-2275
営 10：00～15：30
休/木曜、第3日曜日（水曜不定休、祝日営業）

大井川鐵道

金谷駅から千頭駅の「大井川本線」と、千頭駅から井川駅の「南アルプスあぷとライン」の2線路を運行している。レトロな駅舎や迫力あふれるSLの姿、雄大な自然の中を走る日本で唯一のアプト式鉄道など、全国からファンが集まる魅力たっぷりの沿線だ。

DATA
島田市金谷東2-1112-2
Tel 0547-45-4112

天王山公園

標高168mの小高い丘にある公園。縄文時代や弥生時代の古墳や土器が出土した、歴史的にも重要な場所。桜の時期は花見スポットとしても人気。野外ステージがあり、12月にはイルミネーションも実施され美しい夜景も楽しめちゃう。駅からの散策にもぴったり!

DATA
島田市川根町家山
問/島田市観光部観光課観光交流係
Tel 0547-36-7163

炭だけで焙煎したコーヒーはすっきりとしながらもコクがある

寿園

お茶屋だが、自社開発した焙煎機を使って、炭100%で焙煎したコーヒーも販売している。使用する炭は、昔ながらの伝統の技を持つ職人が丹精こめて作ったもの。炭火焼コーヒー、お茶屋ならではの抹茶ラテが味わえるカフェは、リニューアル中で2015年夏にオープン予定。

DATA
島田市川根町家山4153
Tel 0547-53-3149
9:30〜16:30　不定休

村の市

川根温泉からすぐの道沿いに見つけたのは、地元産の野菜や工芸品、お茶など地場産品がたくさん並んだ市場。食堂も併設されていて、朝から手づくりの惣菜やそば定食などが食べられる。川根名物の「落花生の煮物」や、シイタケをたっぷり使ったそばつゆなど、どこか懐かしいおふくろの味に出合うことができる。

食堂の人気No1メニュー「村の市定食」918円。野菜天ぷらそばに、炊き込みご飯、落花生の煮豆などがセットになっている。惣菜は売店で買って帰ることもできる

「天おろしそば」918円

DATA
島田市川根町笹間渡18-1
Tel 0547-53-2021
売店10:00〜18:00 食堂11:00〜14:30
休/第1火曜日(祝日によって変更あり)

藤枝駅

藤枝駅北口から歩いて見つけた！ユニークな店

コレは体育館の床材だったものを加工して作ったもの。よくみると、キズがあったり、ラインの色が残っていたり… それがまたオシャレな感じに仕上がっている。カードたて、アートフレームなども！

CO. NNECT（コネクト）
藤枝市駅前1-11-6　Tel 054-646-2827

いなりが超人気だよ！

いなり
（5個入り486円）

清水駅

鮨の名店「末廣鮨」のテイクアウト専門店。番組では末廣鮨でマグロを見せてもらったが、さすがに手が出ないから、こちらでテイクアウトランチ♪

いなりやNOZOMI（のぞみ）
静岡市清水区江尻東2-5-29
Tel 054-367-8872

ちらしなどもオススメ！

末廣鮨の大将と♪

東部の

駅から1万歩の旅

1 2 3

商店街をぬけて港まで。湯の街と港町の風情を楽しむ

日本初の洋風帆船建造の地
大川河口でイギリス人のウイリアム・アダムスが徳川家康の命で洋式帆船を作った
干物を作るところを見学。アジの開きを手作業で。驚くべき速さで開いていた

ひもの工場
長沢ひもの店

伊東駅は降り立つと、ソテツがど～ん！一気に南国気分になれる。50年に一度しか咲かないと言われるリュウゼツランも駅前ロータリーにあるのでチェック！だよ。駅前の横断歩道を渡るとすぐに、おまんじゅう屋さんが軒を並べ、路地裏には干物屋やら海鮮の食事処やら…あれこれのぞきながら歩くのが楽しい。1万歩以内で漁港やビーチへも歩いて行ける。橋を渡っただけの伊東大川。遊歩道もおすすめらしいから歩いても良かったな～。

かつて駅の改札前に
旅館ののぼりを持ちは
っぴを着たおじさんた
ちがずらりといた
伊東の有名な彫刻家重岡健治さんの
作品が設置されている。JOCスポーツ
賞のトロフィーも重岡さんが制作。ソ
チ五輪金メダリストの羽生選手も重岡
さんのトロフィーを持っている！
伊東駅
START
50
おっぺけ屋
代表作：家族
仲丸通り
木下杢太郎
記念館
オレンジビーチ
GOAL
石舟庵
8400歩
135
なかや手芸店
なぎさ公園
835歩
9918歩
地元の手芸店。
ちりめんの人形の作り方も
教えてくれる
湯の花通り
おかずのあんどう
キネマ通り
福招きの手湯
伊東大川
伊豆急行
12
東海館
9624歩
中央商店街
朝から賑わう
喫茶店
スイートハウス わかば
いでゆ橋
仏光寺
おじいちゃんたちの
憩いの場。
気軽に話しかけてみて
ソフトクリームが有名。
ロケの日は休みで食べ
られなかった～（泣）
伊東警察署

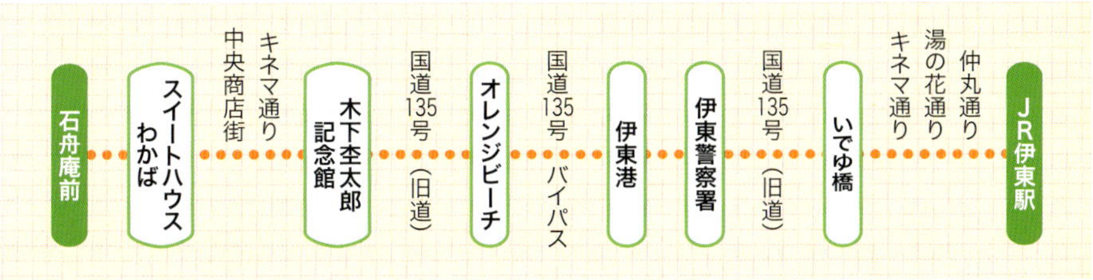
JR伊東駅
仲丸通り
湯の花通り
キネマ通り
いでゆ橋
国道135号（旧道）
伊東警察署
伊東港
国道135号バイパス
オレンジビーチ
国道135号（旧道）
木下杢太郎記念館
キネマ通り
中央商店街
スイートハウスわかば
石舟庵前

風格あるたたずまい。
館内は随所に職人の技が光り
見ごたえがある

東海館

昭和初期に開業した温泉宿で、貴重な和風建築の建物。平成９年に廃業したが、伊東市の観光文化施設として一般公開されている。喫茶室や地元の芸術家の作品を展示する部屋も。土日は大浴場での入浴もでき、古き良き時代の温泉地文化にどっぷり浸りたい。

DATA
伊東市東松原町12-10
Tel 0557-36-2004
9:00~21:00（喫茶室は10:00~17:00）
休/第3火曜、元日

おっぺけまんじゅう
（6個入り780円）

茶菓おっぺけ屋

真っ黒なまんじゅうにびっくり！店一番の人気商品「おっぺけまんじゅう」の黒い色は竹炭が入っているから。葛粉入りの皮はつるんとした舌触りで食べるともっちり。中のあんは黒ごまを練りこんであり、風味が豊か。見た目も味も驚きの逸品だ。

店主はまんじゅうの妖精
おっぺけくん！

DATA
伊東市湯川1-9-13
Tel 0557-38-5053
9：30~17：00　無休

おかずのあんどう

創業60余年の惣菜店。昔ながらの「つば釜」で作る無添加、無着色、保存料なしの惣菜がウリ。市民の台所的な店だが、ご当地グルメブームで、魚のすり身やイカ、ゴボウ、ヤマイモなどを混ぜて揚げた地元の家庭料理の「ちんちん揚げ」が有名になり、観光客にも人気に。店主安藤健雄さんの話術、パフォーマンスにも笑いが止まらない。ぜひ寄ってみて！

昔ながらの釜！

安藤さんが「食べ方」を
レクチャーしてくれる！

「ちんちん揚げ」1つ130円
ユニークなネーミングで一躍有名に！

DATA
伊東市猪戸1-1-5
8：00~18：30
Tel 0557-37-3695
休/水曜日

スイートハウス わかば

昔ながらの味を大切にしている喫茶店。オリジナルスイーツメニューは50種類以上あり、中でも手作りソフクリームはビッグサイズで味が濃厚。これを目当てに通うファンも多い。「クリームあんみつ」の蜜はザラメから作るこだわりで、ソフトクリーム、かんてん、フルーツが絶妙な味わいだ。ホットケーキも超おすすめ。丁寧に焼くため、時間がかかるので真っ先に注文しよう。

テイクアウトもできるソフトクリーム。シーズンには行列ができる

手作りの蜜がGOOD!

クリームあんみつ680円
ホットケーキ600円

DATA
伊東市中央町6-4
Tel 0557-37-2563
9：00～22：00(LO21：30)
休/月曜日

みかんの花咲く丘
1つ187円

石舟庵《せきしゅうあん》 湯の花店

伊豆ならではのお菓子を提供する和洋菓子店。伊東で生まれた童謡にちなんだ「みかんの花咲く丘」は特産のニューサマーオレンジとみかんの花のハチミツを使ったチーズタルト。伊東出身の詩人、木下杢太郎の画を型どったミルキーな味わいの焼き菓子「百花譜」も人気。

百花譜は季節によって花のかたちが変わる

DATA
伊東市湯川1-14-15
Tel 0557-38-1188
9：30~18：00　無休

長浜ひもの店(売店)

様々なひものを自家工場で作っている。

伊東港をはじめ、九州や日本海から様々な海の幸を仕入れ干物にしている。アジ、サバ、カマスはもちろん、30cm以上の大キンメダイが出ることも。自家製イカの塩辛や、メボウ(イカの目と口)の串刺しもおすすめだ。

1本86円

キンメダイ小756円、大2700円前後

DATA
伊東市静海町7-7
Tel 0557-36-9439
8：00~16：00　休/水曜日

温泉街は魅力たっぷり！ 観光の定番も満喫

観光地にキターッ！って気分になれる熱海駅。すぐ近くの昭和の香り漂う商店街を歩く。旅館の間を縫い、熱海銀座を通って海岸通りまで出たら、お宮の松があるビーチに出てみよう。そのあとは初川沿いを上って寄り道しながら錦ヶ浦へ。今回はロープウェイにも乗ってみた。熱海城を見た後は、市街地へ戻る。ゴールは熱海銀座だよ。1万歩で熱海定番の観光地を巡れるし、商店街もぶらぶらできる。坂道が多いから、ゆっくり歩こうね。

丸福高橋商店

入り口で温泉まんじゅうを蒸していた！

DATA
熱海市田原本町6-8
Tel 0557-81-2530
7：00～18：00
休/水曜日

パフェの見本がめちゃめちゃたくさんで目を引く～！！

CAFE KICHI

古民家を再生したカフェもある♪
詳しくは72ページで！

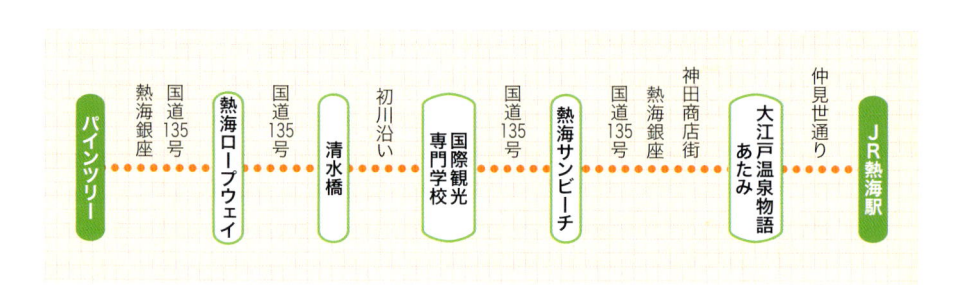

JR熱海駅 ― 仲見世通り ― 大江戸温泉物語あたみ ― 神田商店街 熱海銀座 国道135号 ― 熱海サンビーチ ― 国道135号 ― 国際観光専門学校 ― 初川沿い ― 清水橋 ― 国道135号 ― 熱海ロープウェイ ― 国道135号 熱海銀座 ― パインツリー

基本は陶磁器店。
300万円くらいのツボが
無造作に置かれている！

加納

DATA
熱海市田原本町1-8
Tel 0557-83-7075
9：00～19：00　休/水曜日

「なんでもそろう安い店」
という看板

昭和中期の
新婚旅行と言えば
熱海だった

JR熱海駅
START
279歩
仲見世通り商店街
加納
来宮神社
東海道本線
岸浅次郎商店
来宮駅
大江戸温泉物語 あたみ
お宮の松
熱海サンビーチ
熱海銀座
11
糸川
初川
GOAL
熱海市役所
パインツリー
清水橋
山木茶屋
国際観光専門学校
信用金庫
135
6000歩
熱海ロープウェイ
熱海城

山頂駅から
歩いて
熱海城へ

DATA
上り/9：00～17：00
下り/最終17：30

「金鯱」で
記念撮影だよ～

熱海城

山木茶屋

熱海温泉「山木旅館」内にある食事処。看板メニューは俳優の阿藤快さんがプロデュースした名物「あじな丼」。干物ご飯の上に特製醤油で味付けした地物生アジのたたきをのせた丼は、アジの風味を存分に楽しめるとリピーターも多く、お茶漬けにしても美味。そのほか、駿河湾産しらすの釜揚げをのせた「かま丼」や「ビーフシチュー」なども人気。

阿藤快さん
おススメの一品!

「あじな丼」1200円

DATA
熱海市中央町14-9
Tel 0557-81-2121
11：00～14：00　不定休

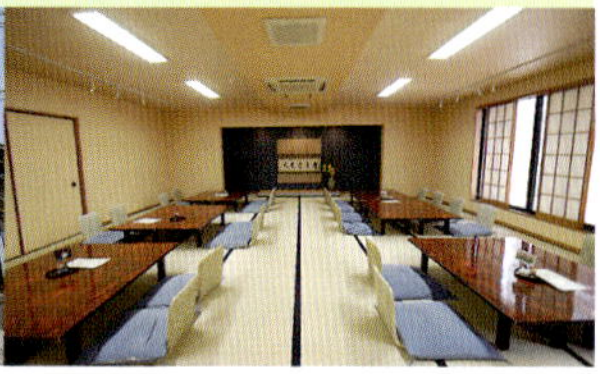

岸浅次郎商店

熱海名産「七尾たくあん」を中心に、浅漬や塩辛などこだわりの商品を製造販売。「浅次郎漬」は、天然塩とぬかだけで3年間漬け込んだもの。絶妙な塩加減と、噛めば噛むほど甘みを感じる伝統の味わいは根強い人気を誇る。

「七尾たくあん
浅次郎漬3年物」
1本1000円

DATA
熱海市咲見町12-12
Tel 0557-82-2192
9：00～18：00
休/木曜日

CAFE《カフェ》 KICHI《キチ》

路地裏に佇むオシャレな古民家カフェ。ハンドドリップで1杯ずつ入れるこだわりのコーヒーは、ブレンドやモカなど数種類あり、紅茶や季節限定のメニューも多数。地元食材を使用した自家製スイーツとともに味わおう。すりガラスから温かな陽の光が差し込む2階席もある。

DATA
熱海市田原本町5-9
Tel 0557-86-0282
13：00～21：00 (20:45LO)
休/水曜日

1万歩のあやコラム

熱海市役所や
糸川周辺が
ビュースポットだよ

熱海といえば梅園が有名。ロケが２月だったから、街中の花を梅と勘違いして写真に撮ったら「あたみ桜」という寒桜だった！梅と桜が同時に楽しめるね！

熱海城

錦ヶ浦山頂にそびえたつ熱海城。360度のパノラマ景観が楽しめる天守閣展望台は熱海一の眺望ポイント。地下1階にあるゲームコーナーはすべて無料。1階バルコニーにあるジェット付き足湯からは初島や伊豆半島、晴れた日には伊豆大島まで眺められる。

景色を眺めながら
足湯でリラックス♪

DATA
熱海市曽我山1993
Tel 0557-81-6206
9：00～17：00
（16：30入場しめきり）
無休

パインツリー

「フルーツパフェ」900円

熱海銀座にある喫茶店。ショーウインドーにはパフェをはじめカラフルなサンプルが並ぶ。店内はノスタルジックな雰囲気が漂い、テーブルには懐かしいインベーダーゲームがある。サンドイッチからスパゲティ、デザートまで喫茶メニューが盛りだくさん。特にパフェの品ぞろえは豊富で、煙の出るパフェは一見の価値あり。地元客も足繁く通う店だ。

ドライアイスの煙に
包まれたパフェは
カメラに収めておきたい

DATA
熱海市銀座町７－７
Tel 0557-81-6032
8：30～19：00（不定時）
無休

せせらぎの町三島。水の恵みと新旧のスポットを満喫

JR三島駅
START
東海道本線
21
蓮池公園
15分おきに
噴水が上がる広場
桜川
51
三島楽寿園
楽寿園正門
iri
白滝公園
三嶋大社
福太郎本舗
4126歩
GOAL
大社の杜 みしま
源兵衛川
静岡銀行
三島大通り商店街
22
三島広小路駅
コロッケスタンド
5181歩
日光陶器店
8145歩
143
桜家
桜家からは
直接源兵衛川へ出る。

コロッケスタンド 蘖庵（ひこばえあん）

湧水からつながる桜川をつたって歩くと、白滝公園、三嶋大社までつづく散歩道がある。

「みしまコロッケ」130円

DATA
三島市大社町18-2
Tel 055-983-4701

本当に水がきれい！昭和の終わり頃、水量も減り汚れた川になってしまったのを市民の手で見事蘇らせた
市民の手でここまできれいにしたなんて感動

源兵衛川

三島の湧水召し上がれ

白滝公園

白滝公園の入り口にかわいらしい人形が！手前には飲める湧水

東海道新幹線
22
伊豆箱根鉄道

三島といえば何といっても街中の水と緑！駅のすぐ近くにある三島楽寿園は自然たっぷりだし、公園も多くて、のどかな雰囲気。どこから歩こうか迷うけど今回は三嶋大社へ。源頼朝が平家を倒そうと旗揚げの前に参詣したという由緒ある神社で、初詣と夏の大祭は大いに賑わう。付近には名物の店や新しいスポットも増えて、寄り道したい場所がいっぱい。源兵衛川では川のなかの飛び石と遊歩道を渡ってみよう！

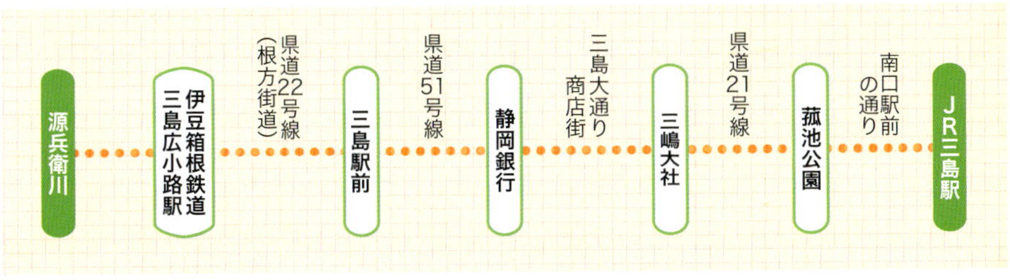
JR三島駅
南口駅前の通り
菰池公園
県道21号線
三嶋大社
三島大通り商店街
静岡銀行
県道51号線
三島駅前
県道22号線（根方街道）
伊豆箱根鉄道三島広小路駅
源兵衛川

三嶋大社

天然記念物指定の樹齢1200年を誇るキンモクセイ。

豊かな緑に包まれた本殿。参拝は自由

源頼朝ゆかりの伊豆一の宮。1年を通して多くの参拝客で賑わい、緑あふれる境内は、ぶらりと散歩するだけで心癒やされるパワースポット。春にはソメイヨシノやシダレザクラが美しく咲き、桜の名所としても有名だ。参拝後の休憩は福太郎本舗で。大社に古来から伝わるお田打神事に登場する面をモチーフにした縁起餅「福太郎」で一服したい。

福太郎本舗

ヨモギの香りと上品な甘さの「福太郎」

お茶付きセット1皿200円
1箱12個入り950円

DATA　三島市大宮町2-1-5　Tel 055-975-0172　参拝自由

---

iri《イーリ》

陶磁器やガラス雑貨など、作家の1点ものを中心に扱うセレクトショップ。ほかでは手に入らない上質な作品が美しくディスプレイされ、まるでギャラリーのよう。大切な人に贈るギフトにいかが？企画展も頻繁に行われているので、ふらりと立ち寄るだけでも楽しめる。

DATA
三島市一番町2-34
パークサイド一番町101
Tel 055-943-7143
10：00～17：00
休/日曜、祝日

発色がきれいな「漆蒔の器」

日光陶器店

美しい響きが自慢の「みしま風鈴」1200円～

三島の夏の風物詩ともいえる「みしま風鈴」。宙吹きガラスで手作りされ、三嶋大社や梅花藻など、三島にちなんだ絵柄が特徴だ。チリリーンと奏でる美しい音色は風鈴によって異なるので、自分好みの一つを見つけてみては。暑い夏を涼しく演出してくれる。

DATA
三島市大社町18-4
Tel 055-975-4914
9：00～19：00
休/月曜日

源兵衛川

市内を緩やかに流れる源兵衛川。楽寿園の小浜池から中郷温水池まで流れる清流に沿って、四季折々の趣を感じられる遊歩道が整備されている。暑くなるとホタルが飛び交い、水遊びを楽しむ子ども達の姿も。飛び石のある風景を楽しみながら散策してみては。

DATA
三島市芝本町など
問/055-983-2642
（都市整備部水と緑の課）

せせらぎの音が聴こえる
自然の中をのんびり歩こう

「うなぎ重箱」3750円
吸い物、香の物付き

桜家

県外からの客も多く、行列のできるうなぎ専門店。三島の美しい水で洗い流し、余分な脂と臭みを取り除いたうなぎを備長炭でじっくりと焼いていく。強めの火加減をうちわで微調整するのがおいしさの秘訣！香ばしくてふんわり肉厚、絶品うなぎを召し上がれ。

DATA
三島市広小路町13-2　Tel 055-975-4520
11：00～20：00（売り切れ次第終了）
休/水曜日（営業日あり。要問い合わせ）

大社の杜《もり》みしま

2013年11月にオープンした三嶋大社の目の前にあるオシャレな新名所。グルメのお腹を満たしてくれる飲食店はもちろん、ワークショップや雑貨など、個性豊かな14のショップが集結。さまざまなイベントも行われ、人と地域をつなぐコミュニティー活動も支援。つながりと広がりを創りだすユニークな空間だ。ホットで粋な路地裏をのぞきに行こう！

テラス席を囲むように
ユニークなショップが
建ち並ぶ

良質な黒毛和牛が
自慢の「おはこや」

「パルモフジ」でマイ
パルムバーを作ろう！

DATA
三島市大社町18-52　Tel 055-975-0340
飲食店10：00～22：00（11～3月は～20：00）
物販、カフェ＆スイーツ10：00～20：00（12～3月は～18：00）
休/店ごとに異なる

駅と沼津港を往復！
街中と漁港街一度に楽しむ

仲見世商店街の吊り看板アイディアがすごい！

沼津駅の南口からスタート！昔からある商店街「仲見世商店街」を歩いてみよう。アーケードの吊り看板がどれも凝っている。季節ごとに変わるらしいので要チェックだよ。沼津港までは約5000歩。港で揚がった新鮮な魚が食べられる店や干物の店など、食事処もいっぱい！ゆっくり回ってたっぷり楽しもう♪1万歩で駅までは戻れないけど美味しいものを食べて歩けば2万歩くらい全く大丈夫よ〜。

JR沼津駅 → 仲見世商店街 → スルガ銀行 → 御成橋通り → サンフロント → 狩野川沿い → 永代橋 → 沼津港線 → 沼津港 → 沼津港線 → 妙海寺前

JR沼津駅
START
Yudai Festa
沼津の街中の
にぎわいづくりに一役
お菓子のすぎやま
800歩
ご主人が
吊り看板について
語ってくれる
フォーシーズンズギャラリー
52
仲見世商店街
ペットのミニブタがトレードマークだった。感動のご対面！は次のページで！
つじ写真館
2422歩
沼津西高
スルガ銀行
サンフロント
御成橋
御成橋通り
沼津市役所
永代橋通り
160
千本浜公園
永代橋
GOAL
妙海寺
41
川沿いに遊歩道もある
水鳥や水辺に咲く花など、
歩くと発見がいっぱい！
狩野川
第二小
沼津港線
帰りに寄ったので
売り切れ直前だった！
欲しい人は
お早めに！
159
恵比
8505歩
沼津魚市場イーノ
見学通路からセリの
見学もできるんだって
ポートカフェ
4986歩
沼津港深海水族館
沼津港
港口公園
6532歩
沼津魚市場
びゅうお
7461歩

お菓子のすぎやま

昭和30年創業、3代目が営むお菓子のデパート。昭和時代を思わせる昔懐かしいお菓子はなんと800種！中身が見える透明パッケージはお年寄りにも好評だ。店の中にあるクレープハウス「くれよん」では、オリジナルブレンドした粉を使い、柔らかくしっとりモチモチの生地に仕上げたクレープにファンも多い。

クレープの人気No.1はチョコシャンテバナナ350円

DATA
沼津市大手町5-2-12
Tel 055-962-8176
9：00～19：00
無休

すぎやまの商品
人気のお菓子「ブルーベリー」180g 950円
「ティラミスチョコ」180g 680円
「新豆千葉産 落花生」250g 680円

1万歩のあやコラム

若き日のさくらちゃん

ワタシがまだ駆け出しのアナウンサーだった頃、つじ写真館のミニブタ・さくらちゃんが「営業ブー長」に就任！というニュースのナレーションを担当。あれから十数年、初めてのご対面！大きくなったさくらちゃんに会えて感激!!

あんの種類は全8種類、1個120円とお手頃

恵比《えび》

できたてよりも2日後くらいがおいしくなるあんぱん。その理由は、酒の酵母から作られた酒種を使用しているから。小倉あん、こしあんなどのあんはすべて北海道産小豆を厳選使用。甘さ控えめの上品な味わいで低カロリーなのも女子にはうれしい。

昼過ぎには売り切れてしまうことも。午前中が狙い目！

DATA
沼津市千本港町53
Tel 055-962-1423
8：00～18：00　休/日曜、祝日

夏はブルー、
冬はオレンジに
ライトアップされ、
幻想的な雰囲気

沼津港大型展望水門びゅうお

津波を防ぎ、人を守るために作られた日本最大級の水門。震度6弱を感知すると、自動で水門を自重降下させ、津波の襲来に備えるよう造られているそう。力強く大きな水門だが、普段はとても穏やかな一面を持つ。それがこの高さを生かした展望施設。視界の良い時には南アルプス、箱根連山、遠くは清水まで見渡せる。

DATA
沼津市本字千本1905-27
Tel 055-934-4746（沼津市産業振興部観光交流課）
10:00～20:00（木曜日は～14:00）　無休
料金/大人100円、小・中学生50円

Port cafe《ポート カフェ》

「渚のやすらぎパンケーキ」1060円
シナモンとふじりんごが相性抜群

風が通り抜ける白く大きな扉は開放的で、港のイメージそのもの。人気は銅板で焼くフカフカのオリジナルパンケーキ。添加物を控え、きび糖を使用するといった配慮は女性スタッフならでは。キッズもワンちゃんもウェルカム。こんなラフさもうれしい。

DATA
沼津市千本港町56-1　Tel 055-962-2482
11:00～18:00（土曜日は～19:00）
休/火曜日

沼津港深海水族館 シーラカンス・ミュージアム

生きた化石
といわれるシーラカンス。
3億5000万年前と
変わらぬ姿

日本唯一の深海水族館で未知なる神秘的な深海生物の不思議を体感！発光能力や高水圧に耐えるブヨブヨな体など、普通の魚にはない特長を持つ珍しい深海生物を展示している。世界でもここでしか見られないシーラカンスの冷凍標本は必見。スタッフ自ら世界の海・地元の漁船に出向き、希少な生物を見つけ展示していくので、いつ訪れても新しい発見と驚きを与えてくれる。

DATA
沼津市千本港町83
Tel 055-954-0606
10:00～18:00
（7月中旬～8月末は19:00）
※最終入館は閉館の30分前
料金/大人1600円、
小・中学生800円、
幼児（4歳以上）400円　無休

世界文化遺産・富士山のお膝下でまち歩き！

180
「ニジマス」の
加工食品が
多く揃う
食のアンテナショップ
もチェック！
7451歩
鯛吉屋
宝くじで有名になった洋品店
（もともとは糸屋だったので、
糸を紡ぐ道具が残っている）
神田商店街
76
いとくま
526歩
GOAL
山大園
209歩
駅前の歩道橋から
富士山が！（撮影：原田）
富士宮市役所
JR富士宮駅
START

DATA
富士宮市大宮町8-3
Tel 0544-28-6770
11:00~19:00（LO 18:30）
木のみ 10:00~18:00（LO 17:30）
無休

富士宮のおすすめスポットは駅から近いところに集まっているので、1万歩以内で満喫できる。駅前からは昔ながらのお店が立ち並ぶ商店街が東西南北に続く。洋品店が多いのと、看板やポップがユニークなのに驚く。駅からも見える富士山！やっぱりスゴイなあ。世界文化遺産の構成資産富士宮本宮浅間大社はマスト！寄り道しても1200歩程度で行ける距離だよ。大社の周辺で美味しいものを探し、富士宮市役所の近くまでたどり着いて1万歩！富士山見ながら歩くのって気持ちイイ～。

ポップなどの
手作り感が楽しい〜

富士山の雪解け水は
年間通して13℃
商店街の一角にも
ひいてある。

富士宮やきそば学会
直営にアンテナショップもある♪

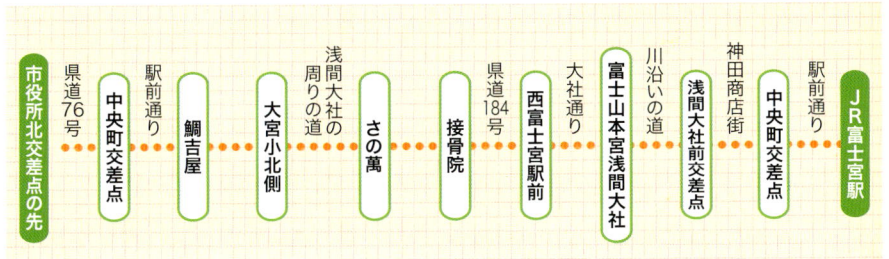

JR富士宮駅 … 駅前通り … 中央町交差点 … 神田商店街 … 浅間大社前交差点 … 川沿いの道 … 富士山本宮浅間大社 … 大社通り … 西富士宮駅前 … 県道184号 … 接骨院 … さの萬 … 浅間大社の周りの道 … 大宮小北側 … 鯛吉屋 … 駅前通り … 中央町交差点 … 県道76号 … 市役所北交差点の先

「やきそばミックス」650円

みっちゃん家

富士宮焼きそば、お好み焼きはもちろん、ここでは「ミックスドリア」880円が一番人気!バターライスとチーズ、溶き卵がのったドリアは文句なしのおいしさ。こだわりの焼きそばは、麺をほぐす際に使うスープや、独自にブレンドした甘めのソースとの相性抜群。奥座敷もあり、子ども連れにもおすすめ。

DATA
富士宮市宝町11-24　Tel 0544-27-5305
11：00～15：00（LO14：30）、
17：30～21：00（LO20：30）　休/水曜日

軒先から店の入り口まで所狭しと並ぶ野菜

山大園《やまだいえん》

お茶屋だけれど野菜が人気。富士登山道に続く「富士山やさいセンター」から毎朝採れたて新鮮野菜が届き販売している。日に2～3回の頻度で運ばれる野菜は、農薬・化学肥料不使用の自然農法栽培で育てる安心安全なもの。狙い目は朝イチ!マイバック持参で出かけよう。

DATA
富士宮市中央町4-11　Tel 0544-27-9579
10：00～18：00（水曜日は～17：00）　無休

富士山本宮浅間大社

噴火を繰り返す富士山を鎮めるために祀られた神社であり、全国にある浅間神社の総本宮と称えられている。「木花之佐久夜毘売命（このはなのさくやひめのみこと）」を祀り、家庭円満・安産の神、火難消除の守り神として、信仰されている。木花という御神名から桜を御神木に、春には境内に500本もの桜が咲く「桜の名所」となり、多くの人で賑わう。

2階建ての本殿はここでしか見られない貴重な建造物

DATA
富士宮市宮町1-1
Tel 0544-27-2002
4～9月/5：00～20：00
3、10月/5：30～19：30
11～2月/6：00～19：00
祈祷受付8：30～16：30
境内自由

富士山の力を借りてパワーチャージ

特別天然記念物に指定された湧玉池

さの萬

大正3年創業の老舗精肉店。「豚本来の味のする豚」を創りたいと、黒豚づくりの名人を鹿児島から招き、苦労の末に誕生した「萬幻豚」や、熟成肉ブームの火付け役ともいえる「ドライエイジングビーフ」が一押し！丹念に熟成させ、うま味と甘みが凝縮されている。「さの萬牛」「富士朝霧牛」も評判が高く、週末には県内外からの客で賑わう。

萬幻豚のスライスと挽肉を使い、甘みとうま味が際立つジューシーなおいしさ

「さの萬特製コロッケ」1個100円

DATA
富士宮市宮町14-19
Tel 0544-26-3352
10：00～19：00
休/水曜日、月1回木曜日

1万歩のあやコラム

世界遺産の富士山が間近で見守ってくれているような富士宮市。商店街には「いつまでも世界遺産に」のフラッグが。皆で守っていかなきゃね。富士山。

鯛吉家《たいきちや》

種類豊富なたい焼きは、焼き上がりまで約20分

待ってでも食べたい焼きたてのたい焼き。日・祝日限定で登場する「白い鯛やき」は180円。ひじき、きんぴら、牛ごぼうなど店主の気まぐれで中身が替わる「ミステリー鯛やき」もぜひお試しを。電話予約可能。「特製餃子」や「富士宮焼きそば」をつまみにビールで乾杯！

DATA
富士宮市元城町5-12
Tel 0544-22-1552
11：00～お客さん次第　休/金曜日

根方街道に点在する名店を訪ねながら富士市横断

スイーツがんもが
美味！全国的にも
注目されている
キッチンK
金沢とうふ店
めん太郎
1035歩
松林堂
根方街道
江崎書店
今泉郵便局
業務
スーパー
西友
富士今泉店
3107歩
アピタ
岳南原田駅
START
今泉小
全国にファンが
いる郵便局
岳南鉄道
わーい！
ワタシの駅だぁ〜♡
24
22
139

静岡 今泉 26. 7. 11

岳南電車で岳南原田駅へやって来た！駅から西へ向かって市街地方面を目指そう。原田駅の北側は工場の多い地域だけど、根方街道でおもしろそうな立ち寄りスポットを見つけたよ。地元の人たちの御用達の店から全国的にも注目されている店まで盛りだくさん！また吉原本町通りは昔ながらの商店街。ご当地グルメなど小腹を満たせるお店もあるから、時間を多めにとって歩こう！

ご当地グルメ「元祖つけナポリタン」はココで！

「つけナポリタン」980円は 11：00〜15：00ころまで

DATA
富士市吉原2-3-16
Tel 0545-52-0557
10：00〜19：00
休/火曜日（祝日営業、翌日休み）

GOAL
アピタ
弥生通り
吉原一中
吉原本町通り
139
アドニス
東海道表富士
3960歩
富士市役所
富士見大通り
中央公園
青葉通り
港大通り
歩道橋
ロゼシアター
8735歩
東海道

富士山グッズのセレクトショップ。日本中で作られた富士山グッズが約1000点！！

DATA
富士市吉原2-13-8
Tel 0545-55-0333
10：00〜19：00
休/水曜日

「表富士陶器シリーズ」
435〜3240円

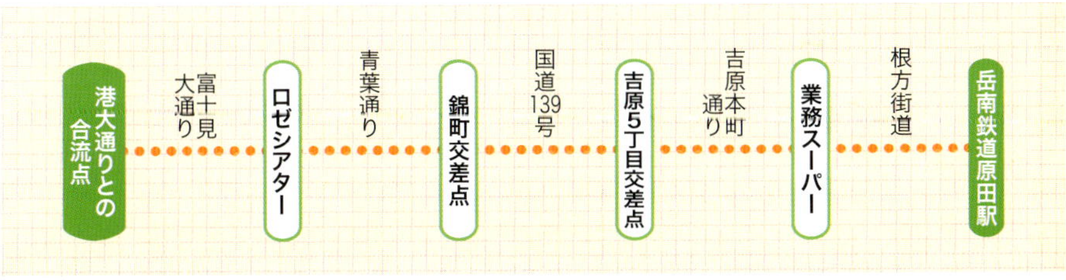

岳南鉄道原田駅
根方街道
業務スーパー
吉原本町通り
吉原5丁目交差点
国道139号
錦町交差点
青葉通り
ロゼシアター
富士見大通り
港大通りとの合流点

今泉郵便局

デザインを手掛けた
大村匡主任と風景印

今泉郵便局で人気の消印（風景印）は、岳南電車と富士山、そして、近くを流れる田宿川の「たらい流し祭り」がモチーフ。ご当地感のあるデザインが好評で、全国各地から押印を求める郵便物が4000通以上届いたというから驚き。心を込めた手紙に風景を添えてみては。

DATA
富士市今泉3-13-14
Tel 0545-52-5952
9：00～17：00　休/土・日曜日

めん太郎

「ササミ天メンチうどん」
540円

岳南電車（旧岳南鉄道）沿線で40年もの間、常連さんに愛され続けるうどん・そばの店。麺の量や10種類以上あるトッピングで自分好みにカスタマイズできる。一番人気はビッグな天ぷらがのった「ササミ天メンチうどん」！夏は冷たいぶっかけも登場する。

DATA
富士市原田217-1（原田駅構内）　Telなし
9：00～18：00　休/日曜、祝日

金沢豆腐店

創業100余年の老舗豆腐店。国産大豆を100%使用した豆腐はもちろん、富士・富士宮に古くから伝わる甘口のがんも「スイーツがんも」は、県外からも指名買いの客が訪れるほどの評判！焦げ目があり香ばしいのが特徴。しっかりとした皮とふんわりした中身の食感の対比を楽しもう。がんもを挟んだ「がんもいっち」も一度試してみては。

「スイーツがんも」170円

「がんもいっち」450円

ひっきりなしに
客が訪れる人気店

DATA
富士市今泉4-1-13　Tel 0545-52-1640
9：00～17：00（売り切れ次第終了）
休/日曜日

キッチンK

惣菜のほか、
ご飯も日替わり

自宅を改装した
アットホームな空間

店主・吉村かず代さん

元栄養士の吉村かず代さん夫妻が営む手作り惣菜店。「安心・安全なものを」と、地元農家の野菜や富士宮の有精卵など、生産者の顔が見える食材を使い、栄養バランスもバッチリ。春のタケノコや菜の花など、季節の食材も取り入れた日替わり惣菜は13種類ほどそろい、昼には売り切れてしまう人気ぶり。料理が出そろう10時半頃が狙い目。

DATA
富士市今泉5-5-21
Tel 0545-52-3191
10：00～売り切れ次第終了
休/土・日曜日

緑色の車両は
朝夜の通勤時間帯に運行

岳南電車

地元の人たちに「岳鉄（旧名）」の名で親しまれる岳南電車は、全長9.2km、片道約20分の単線鉄道。車両は橙色の通称「新赤がえる」と緑色の「がくちゃんかぐや富士」の2種類がある。懐かしの硬券切符を手に、のどかな風景を巡り、途中下車しながら商店街散策を楽しむのもいいかも。

DATA
富士市今泉1-17-39
0545-53-5111

松林堂《しょうりんどう》

（ショコラ ほか）

明治38年創業の老舗。富士山麓で獲れた卵や、駿河湾の伝統製法で作られた平釜塩など素材にこだわるパンは、石釜独特の遠赤外線効果で外はパリッと、中はしっとりと焼き上がり絶品。じっくり低温発酵させることでふわふわ食感に仕上げた「ふじ山ブレッド」もオススメ。

DATA
富士市今泉1-12-9
Tel 0545-52-0676
7：00～20：00　休/日曜日

駅から1万歩のトピックス

えきとぴっ

東部の駅

コース紹介はしなかったけれど、
「新富士駅から１万歩」
の時に立ち寄った
ペットショップの看板娘？の
ポニーかわいかった♡

ペットセンターかねづか
富士市本市場130-12　Tel 0545-60-1122

湯の花通り

伊東駅から湯の花通りで…
お湯かけ七福神を探そう！
商店街のところどころに
かわいい七福神の像が
立っている。
七福神のお湯をかけて
「福」を呼ぼう!!

富士市内を
歩いていると…
マンホールが
かぐや姫、富士山、
なんかいいね！

西部の

駅から1万歩の旅

1 2 3

城下町をてくてく。古き良きモノに惹かれる旅

1
掛川西高
掛川城
3468歩
254
智光幼稚園の
前の道を通る。
かわいい子供たちに
元気をもらう
ワタシみたいな
名前の橋ね！
智光
幼稚園
奥姫橋
2305歩
天然寺
掛川城
大手門
大井製茶 仁藤店
GOAL
すいのや
1500歩
37
大石米穀
5666歩
新泉
37
三浦玩具店
(おすもうや)
線路に沿って東へ歩こう
県道を曲がった先には
ヒーローがいた！
JR掛川駅
START

うなぎが足元で
出迎えてくれる
うなぎ屋さん

すいのや

掛川城大手門前の駄菓子屋。昔ながらの駄菓子におでんや焼きそばもあり、地元の憩いの場所。観光客も多いロケーション

DATA
掛川市城下6-1
Tel 0537-22-7432
10：30～18：30　休/火曜日

掛川と言えば掛川城！駅から近いので、当然歩いて行くでしょ！と出発。城下町らしい風情が漂う町並みを、少し回り道しながら掛川城を目指す。途中に古くから地元の人たちに愛される魅力的な店がいろいろ。掛川城では、もちろん天守閣に登ったよ。ロケの途中で大事件（?）が発生し、来た道を戻ることになった。詳しくは95ページで。掛川城周辺の道は、ほぼ東西南北に走っているので、分かりやすい。

天守閣に登れば、お殿様、お姫様になった気分に

掛川城へ！
逆川
6362歩
掛川下俣郵便局
里道稲荷神社
キネマ食堂
東海道本線

神頼みの場所として、地元では有名な神社

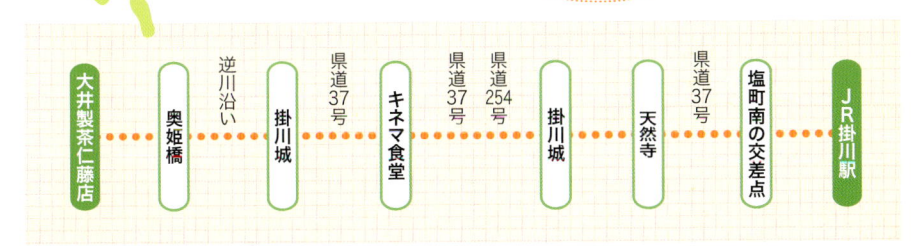

ちょっと脇道にはいるけど赤いのぼりがいっぱい立っているからすぐわかる。魚源という鮮魚店を見つけたらその横だよ

JR掛川駅 …… 塩町南の交差点 …… 県道37号 …… 天然寺 …… 掛川城 …… 県道254号 県道37号 …… キネマ食堂 …… 県道37号 …… 掛川城 …… 逆川沿い …… 奥姫橋 …… 大井製茶仁藤店

三浦玩具店

昭和のヒーロー・ミラーマンがお出迎え！別名おすもうや。店主の祖父が力士だったので、そう呼ばれるようになった。プラモデルにチョロQなどのミニカーやリカちゃん人形などのおもちゃが、数え切れないほど並び、懐かしさを求めて遠方からやってくる大人も多い。廃番になったおもちゃもあり、お宝が見つかるかも！塗料が豊富で、創作好きがこぞって支持するダイヤカラー・タミヤカラー・クレオスカラー等の取扱店。

DATA
掛川市塩町1-5
Tel 0537-22-2945
11：30～18：30　不定休

入り口に人と同じ大きさのミラーマンが立つ

無造作に置かれたおもちゃの箱が昭和の風情

春の掛川城はサイコー！

掛川城天守閣

室町時代、今川氏が家臣に築城させたのがはじまり。日本初の復元した本格木造天守閣だ。戦国時代に山内一豊が10年間、在城したことが広く知られ、訪れる観光客も多い。春はお花見スポットとしても有名で、ソメイヨシノやしだれ桜など130本もの桜が見事に咲いて圧巻だ。

DATA
掛川市掛川1138-24　Tel 0537-22-1146
2月～10月9：00～17：00、
11月～1月9：00～16：30　無休

カルゲン農法の米

大石米穀

有機化した田の土で育てる「カルゲン農法」の米が店頭に並ぶ。粒が大きく、しっかりした歯ごたえの銀シャリが魅力♡自家製造の発芽玄米を使った玄米団子は日によって本数が変わるので、出合えればラッキー。96歳の看板おじいちゃんが笑顔で出迎えてくれる。

DATA
掛川市仁藤町4-1
Tel 0537-22-3165
9：00～19：00　休/日曜日

1万歩のあやコラム

一緒に歩いたマイケルさんがおすもうやで買ったガンプラを途中で失くしたと大騒動！地元で「失せものが見つかる」と有名な里道稲荷神社をお参り。置き忘れた場所を思い出し、無事取り戻すことができたよ！

キネマ食堂

レトロな雰囲気がステキな店構え

レトロな外観が目を引く大正15年創業の老舗。創業当初からのメニュー・中華そばは、豚の背骨を煮込んだスープのあっさり味。人気のささみチーズカツなど、単品を含めたメニューは100種類以上もある。懐かしい趣の調度品に囲まれて、夜は居酒屋としても心地よく過ごせる。

DATA

掛川市下俣173
Tel 0537-22-4348
11：30～13：30、18：00～20：30LO
（日・祝は～20：00※宴会を除く）
休/月曜日、第2・3日曜日夜

ラーメン 430円
ラーメン定食 710円

新泉

足を踏み入れると、いけすに泳ぐうなぎにびっくり！関東風に仕上げた浜名湖産のうなぎは柔らかい食感。少し辛めのタレがすっきりして食べやすい。うなぎのほか、かつ丼などの丼物から懐石料理（要予約）まで幅広い品ぞろえも魅力だ。限定10食のおまかせランチはお得感満載で人気。夜はテーブル席から見える坪庭を照らすライトが、空間を素敵に演出し、ぜいたくな気分になれる。

DATA

掛川市掛川606-2
Tel 0537-22-5521
11:30～13:30LO、17:30～20:30LO
休/水曜日

うな重　2600円～

入り口の足元にいけす。思わず触りたくなる?!

遠州の小京都を散策！伝統に出合う旅

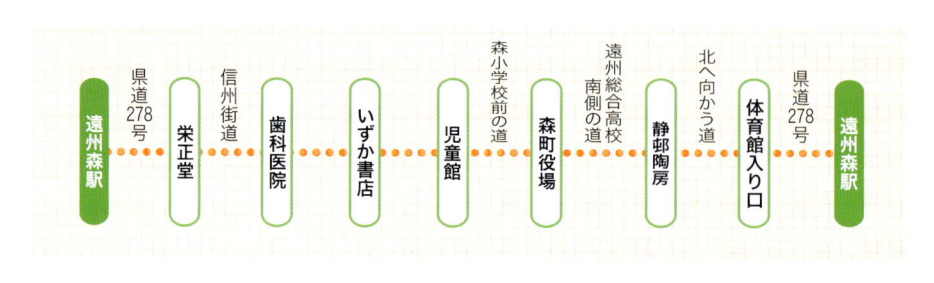

高柳米穀店
7309歩
歯科医院
信州街道
北島糀店
いずか書店
森小
6191歩
森町郵便局
森町役場
児童館
58
太田川
278
栄正堂
天竜浜名湖線

春と秋には町民の手作りイベント「町並みと蔵展」が開かれる

町民の観光ガイドもお願いできる

DATA
産業課商工観光係
Tel 0538-85-6319

町の中に古い蔵を見つけよう！

遠州森駅 ・・・ 県道278号 ・・・ 栄正堂 ・・・ 信州街道 ・・・ 歯科医院 ・・・ いずか書店 ・・・ 児童館 ・・・ 森小学校前の道 ・・・ 森町役場 ・・・ 遠州総合高校南側の道 ・・・ 静邨陶房 ・・・ 北へ向かう道 ・・・ 体育館入り口 ・・・ 県道278号 ・・・ 遠州森駅

天竜浜名湖鉄道の遠州森駅から歩いた。「小京都」と呼ばれるだけあって見どころがいっぱい。町の中に古い蔵があったり、昔ながらのお店があったり…。トウモロコシなど農産物も豊富なのでマーケットにも寄りたいね。おすすめなのが陶房めぐり。それぞれ特徴のちがう陶房が、歩ける距離で連なっているからぜひ覗きたい。町役場の東側は住宅街。細かい道が多いけれど、温かな町の人たちが道案内をしてくれる。町民の有志による観光ガイドもあるので、役場に問い合わせよう！

毎月第3日曜日に
駅で「古着市」を
やっている
ココはお休み中
小國神社境内に
窯とギャラリーがあるヨ
静邨陶房
田米陶房
遠江総合高
明治から伝わる
「森山焼き」の陶房が
点々と連なる
森の市
225歩
遠州森駅
START
&GOAL
中村陶房
晴山陶房
レタス、シイタケ、
次郎柿などが有名。
夏はトウモロコシを
求める行列ができる。

森町の土を使い、窯元それぞれの個性が光る「森山焼」の陶房めぐりはいかが?

静邨陶房《せいそんとうぼう》

小堀遠州の七窯の一つで、志戸呂焼の流れをくむ森山焼のなかで、通称「赤焼き」と親しまれる静邨陶房。風情ある古民家に、深紅の美しい陶器がずらりと並ぶアトリエは、いつでも見学可能だ。その色の特徴から縁起が良いものとされ、結婚式の引き出物や還暦のお祝い用としてひいきにされている。

鮮やかな赤色が特徴

DATA
周智郡森町森1759-3
Tel 0538-85-3536
9：00～17：00　不定休

中村陶房

DATA
周智郡森町森1632-2
Tel 0538-85-4611
9：00～17：00　不定休

森山焼は初代中村秀吉によって創設される。その本家である中村陶房では、現在四代目で数々の受賞歴のある中村みづほさんと彼女の義姉の伸子さんが継承している。陶土・釉菜は自家で精製。繊細で温もりが伝わる作品は鉄釉・黄瀬戸釉・辰砂釉・桃釉など、伝統を守りながら製作。本家ならではの作品に注目して。

晴山陶房《せいざんとうぼう》

独特な虎斑（とらふ）模様が印象的。高度な技術を要する辰砂（しんしゃ）大皿は美術コンクール連展で受賞するなど、レベルの高さがうかがえる。晴山作品は各界著名人をはじめ、老舗店の贈答品としても長年愛される。運が良ければ350年前の志戸呂焼の茶壺を見ることができる。

DATA
周智郡森町森1611
Tel 0538-85-2382
9：00～17：00　不定休

田米陶房《ためとうぼう》

元の陶房は休止中だが、小國神社境内に「遠州みもろ焼」別所窯を開いている。

DATA
Tel 0538-89-6031
9：30～17：00

ジェラート カップ
シングル 290円~
ダブル 450円~
トリプル 620円~

高柳米穀店（ジェラートの店 アリア）

季節のフレッシュな野菜や果物を使ったジェラートは、自然の味そのものを楽しめる。常時30種類以上そろい、全国発送も可能。森町の米に茶、マスクメロンや季節限定の焼きもろこし味など、地元素材を生かした「森の彩りセット」490円が人気。パティシエの母親指導のもと、息子が後を継いでいる。

DATA
周智郡森町森214
Tel 0538-85-2354
9：00～19：00　無休

高柳米穀店

森の市（JA遠州中央農産直売所）

甘々娘

しいたけなどのパッケージには「森の石松」がついてかわいい

近隣農家からの畑直送野菜や花き類、加工品がずらりと並ぶ。品物のほとんどに生産者の名前と出荷日を記載してあり、安心だけでなく、農家の生産意欲向上にも繋がっている。夏季には名産のトウモロコシが、人気の甘々娘に甘太郎、雪の妖精など豊富に揃い遠方からの買い物客もたくさん訪れ賑わっている。

DATA
周智郡森町森1731-2
Tel 0538-85-0831
9：00～18：00　無休

森の市
とうもろこし

時代を感じるね～

北嶋糀店

創業天保13年、180年以上続く老舗の糀店。昭和初期に建てられた店舗は過去の台帳などが残されて、情緒たっぷり。富山と新潟の大豆を使った自家製造味噌はもちろん無添加。純粋培養の甘酒は健康飲料として夏冬ともに人気が高く、地元だけでなく遠方からも逸品との呼び声が高い。

DATA
周智郡森町森205
Tel 0538-85-2678
8：00～19：00　無休

甘酒甘酒（砂糖なし）400g　250円
米糀味噌1kg　570円

梅衣　1つ135円

明治時代からの伝統の味

栄正堂

明治維新の頃、むめという女性が考案し、森町で造り始めた梅衣。初代はむめから直接製法を伝授された。独自の味付けをしたシソの葉で牛皮餅を包んだ独特な菓子はこの町の銘菓。シソの爽やかさとこしあんの甘さが口の中で相まって、品のある風味が口に広がる。

DATA
周智郡森町森584-1
Tel 0538-85-2517
8：00～18：00　休/水曜日

電車に乗るのも一興！ レトロな駅から浜名湖周りを歩く

ロケは超暑い日。
浜名湖畔をぶらついたらくたくた…。
もう電車に乗ろう、と道を戻っちゃった

ホームでぐったり～

逆戻りしちゃった～

西気賀駅
START
グリル八雲
4890歩
山本商店
うおなみ
3298歩

目の前で
浜名湖の幸が
届くのを見たぞ～

季節限定
三方原のじゃが芋100%
ポテトチップス
のり

季節限定の
三方原ポテトチップスも！
（参考価格　各340円）
どちらも、
やらまいか認定ブランド

山本商店でご当地もの「浜名湖のりチップス」を購入

このコースには天竜浜名湖鉄道の2つの駅が登場。まずは西気賀駅からスタート！国道362号、通称姫街道を気賀駅に向かって歩く。途中逆戻りして天竜浜名湖線下り列車に乗車という反則技を使い、奥浜名湖駅から再び歩く。天竜浜名湖鉄道は1両編成のローカル電車で、駅舎もレトロな雰囲気！しかもカフェやパン屋があったりで駅そのものも楽しい！車窓から浜名湖の景色も見られるよ。それぞれの駅から1万歩の旅をしてもいいかもね。

みかん山からの
浜名湖
天浜線に乗ってGO!!
夏はビール列車も走る
三ヶ日西小
三ヶ日といえばみかん。
途中でみかん山にも
登ったよ
三ヶ日
東名高速道路
三ヶ日IC
5061歩
奥浜名湖駅
奥浜名湖駅で下車!
気を取り直して
再スタート!
長坂養蜂場
入河屋
尾奈
GOAL
天竜浜名湖鉄道
Cafe The Rodhos
301
310
浜名湖

カフェ ザ ロードス

国道301号

奥浜名湖駅

天浜線

西気賀駅

姫街道

うおなみ

姫街道

天浜線西気賀駅

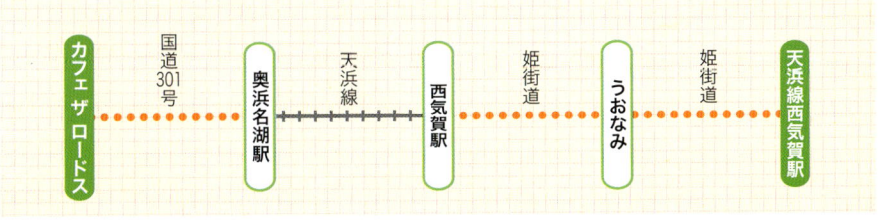

浜名湖産
アサリが大漁!

うおなみ

浜名湖で育った天然物の魚介類が水槽の中で泳いでいる。朝から客足が絶えず、売り切れることもしばしば。生け捕りのエビやカニなどのおすすめ調理法を、気さくな店長が教えてくれる。白焼きで販売する浜名湖天然うなぎは軽く蒸し、わさび醤油で味わえば極上の幸せ♡

日替わり惣菜も

DATA
浜松市北区細江町気賀9554-2
Tel 053-522-1069
日の出～日の入り　休/水曜日

夏には
ビール列車も
走る

天竜浜名湖鉄道

掛川～新所原を走るワンマン列車。のどかな田園風景や雄大な天竜川の流れ、風光明媚な車窓風景が楽しめる。天浜線ファンも全国数知れず。駅舎やプラットホームなど、国の登録有形文化財は36施設。ノスタルジックな気分を存分に味わって。

DATA
天竜浜名湖鉄道本社
浜松市天竜区二俣町阿蔵114-2
Tel 053-925-6125

グリル八雲

名古屋・御園座近くに構えていた店を継ぎ、西気賀駅舎内に平成元年オープン。スターが愛したそのままの味わいに、美食家や各界著名人が一目置く。美空ひばりも愛したポタージュコーンスープは、米粉と野菜を煮込んだヘルシーな一品。そのスープをセットにした「三ヶ日牛ビーフシチューセット」が一番人気。ほぐれる牛肉に、野菜の甘みが効いたデミグラスソースが秀逸。

美空ひばりも使った!
御園座時代のカラトリー

西気賀駅の
中にある

三ヶ日牛ビーフシチューセット2600円

DATA
浜松市北区細江町気賀10188-3
Tel 053-523-2590
11：00～14：00 LO
土・日曜、祝日は～19：00 LO
休/火曜日

長坂養蜂場

のどかな浜名湖畔に佇む、はちみつ専門店。地元育ちの三ヶ日みかん蜂蜜は、売り切れ御免の季節商品。不動の人気・二代目のはちみつとフランス産ローズマリー蜂蜜は量り売りもしている。お菓子やドリンクから化粧品まで、はちみつづくし。大ヒット商品の「はちみつ＆マーガリン」は、はちみつも増量し、さらにおいしく健康的にリニューアル。

ラスクなどのお菓子も
はちみつ ぷんぷんラスク

二代目のはちみつと
フランス産ローズマリー蜂蜜の
量り売り

DATA
浜松市北区三ヶ日町下尾奈97-1
Tel 053-524-1183
9：00～19：00　休/水曜日

Cafe《カフェ》 The《ザ》 Rodhos《ロードス》

愛犬と一緒に食事ができる浜名湖畔の絶景カフェ。青を基調としたテラス席は、ヨーロッパに訪れた気分になれる。メニューはパスタやロコモコハンバーグなどの洋食が中心。ワンちゃん用メニューがあるのも魅力。ペット連れでなくても癒やされるスポット。

DATA
浜松市北区三ヶ日町下尾奈200
浜名湖レイクサイドプラザ内
Tel 053-524-1311
ランチ11:30～14:00、
ティー10:00～11:30、14:00～18:00
(1月～4月は～17:00)

わんちゃん
プレート

入河屋

入河屋

みかん最中
142円

明治18年創業の老舗。白あんをベースに、青みかんを皮ごと使った柑橘あんがさわやかな「みかん最中」は、60年以上愛され続けている逸品。初代創製・甚作饅頭を今に伝える五代目は、地元で作られている大福寺納豆のかりんとうみそまんなど、伝統を大切にしながら新しい味にも挑戦。

DATA
浜松市北区三ヶ日町下尾奈83-1
Tel 053-525-0902
8：00～19：00　無休

三ヶ日みかんの
ソフトクリームもあるヨ

にぎやかな駅前から 閑静な住宅街まで 発見いっぱいの充実旅

浜松市役所の
奥にある浜松城
徳川家康の居城
だったんだよ
浜松城
152
浜松市役所
なかなかおもしろい
お店が連なる
遠州病院
クリエート浜松
トミヤコーヒー店
フルサワ
1826歩
6866歩
凧人
ゆりの木通り
152
遠州鉄道
田町中央通り
八百徳
キルヤ
2000歩
猿蟹本舗
スポジック
カフェ ドゥ
伝馬町地下道
〒
アクトタワー
プレスタワー
アクトシティ
ザザシティ
木下恵介記念館
GOAL
257
静岡新聞社とSBSが
入っている。
スタジオもあるんだよ
JR浜松駅
START

出世大名
家康くん

浜松市の
ランドマーク
アクトタワー

浜松駅に北口からSBS浜松総局があるプレスタワー方面に向かい、市街地をぶらぶらした。5月に行われる「浜松まつり」で屋台の引き回しがあり、盛り上がる場所で、お祭り用品専門店があるところが浜松っぽい。歩いてみて分かったのは街中の路面店が魅力的だってこと！時間があれば1軒1軒寄りたいくらい。浜松のセレブ街だという佐鳴台方面にも行こうと張り切ったけれど、坂道で断念。セレブへの道はキツかった。駅まで戻って1万歩。浜松城も近いので行けたかも。

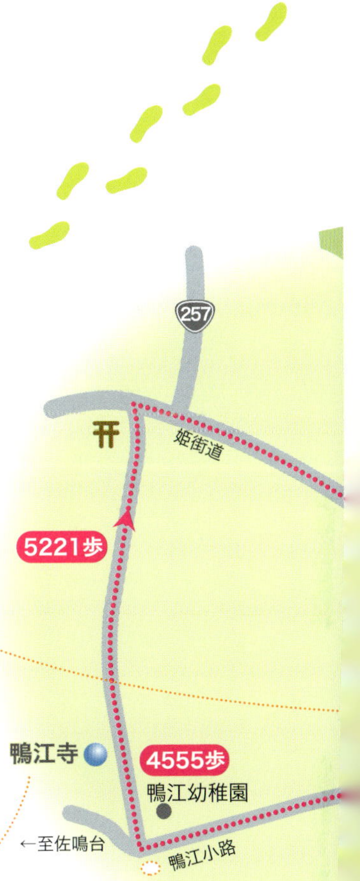

257
姫街道
5221歩
鴨江寺
4555歩
鴨江幼稚園
←至佐鳴台
鴨江小路

マラドーナ？の大壁画！

実はスポーツバーの建物だった。メニューのネーミングもサッカーにちなんでいて面白いヨ

sposic cafe do

DATA
浜松市中区大工町311-18
第一ビル1階
Tel 053-452-5830
18:00～
休/日曜日、第1月曜日

赤い柱が印象的。鴨江観音として親しまれている。奈良時代からの歴史を持つお寺

鴨江小路を突き進んで行くと浜松のセレブ街・佐鳴台へ着くはずだった！セレブへの道は険しい・・・

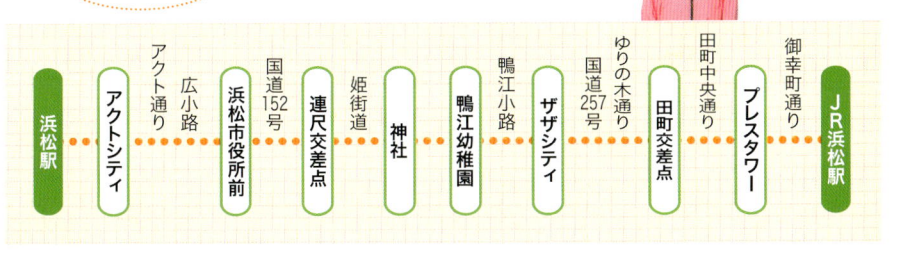

JR浜松駅 ・・・ 御幸町通り ・・・ プレスタワー ・・・ 田町中央通り ・・・ 田町交差点 ・・・ ゆりの木通り 国道257号 ・・・ ザザシティ ・・・ 鴨江小路 ・・・ 鴨江幼稚園 ・・・ 神社 ・・・ 姫街道 ・・・ 連尺交差点 ・・・ 国道152号 ・・・ 浜松市役所前 ・・・ 広小路 アクト通り ・・・ アクトシティ ・・・ 浜松駅

凧人《かいと》

浜松祭りはもちろん、県内外の祭り用品を扱う専門店。浜松の伝統手法で染めたオリジナル生地が評判で、全国から注文が殺到する。「日本は1年中どこかで祭りをやっているから休む暇はないよ」と店主・大石直人さんは楽しそう！手ぬぐいやポシェットなどの小物もオリジナル生地で作られ、キュートなデザインが豊富。祭り好きでなくとも覗いてみたい店だ。

DATA
浜松市中区田町325-14
Tel 053-454-3641
10：00~19：00（日曜・祝日は18:00）
休/火曜日、時々水曜日

人気の鯉口シャツ6480円~は全国からの注文が相次ぐ

普段使いのストールなども人気

店主の大石さんがセレクトしたこだわりのグッズもおもしろいよ~

猿蟹本舗

姉妹の笑顔もごちそう。

姉妹で営むおむすびスタンド。浜松市内の米店でセレクトしたこだわりの米で作るおむすびは、わかめ、サケ、玄米など、10種類前後。のりは購入時に巻いてくれる。オフィス街から買いに来る人も多く、ねぎみそなどの人気商品は昼すぎには売り切れてしまうことも。

DATA
浜松市中区田町325-1
Tel 053-458-8588
11：00~18：00頃
休/水曜日

フルサワ

ショーウインドウに並ぶ国内外のブランド帽子

店構えからは想像もつかない海外の高級帽子が多数置いてある専門店。イタリアのブランド「ボルサリーノ」は必見。皇族の帽子のデザインを手掛けていた故平田暁夫さんが設立した帽子ブティックの特約店にもなっている。帽子ひとつでワンランク上のファッションに！

DATA
浜松市中区田町325-11
10：00~19：00
Tel 053-452-2086　休/水曜日

昭和初期の雰囲気そのままの店内。焙煎機は創業から２台目のもので昭和34年から使っている。

トミヤコーヒー店

昭和初期から自家焙煎のコーヒー豆を小売りしている。店内に飾られている看板が超レトロだ。同じ種類の豆でも煎り具合を変え、10種類前後の焙煎豆の中から、「こんな味のコーヒーが飲みたい。」という、ゆるいリクエストにも応じてブレンドしてくれる。自分好みのコーヒーに出合えそう。

DATA
浜松市中区紺屋町217-30
Tel 053-452-2681
8:30~18:30　休/日曜、祝日

キルヤ

大人にもしっくりくる店内とセンスの光る絵本

浜松っ子にとっては懐かしい絵本の店「えれふぁんと」の後にオープン。北欧風が素敵な空間には、子供へ読み聞かせたい本を選びに訪れる親子をはじめ、絵本に魅了された大人も足繁く通う。あらためて読むことで多くの気づきを与えてくれる、その世界観に触れてみて。

DATA
浜松市中区紺屋町300-10
Tel 053-477-2687
10:30～17:30、土日祝～18:30
休/火・水曜日

八百徳《やおとく》

明治42年創業の老舗。世界無形文化遺産である本物の和食を継承し続けたいと、四代目が意気込む。毎朝さばく新鮮な国産うなぎは関東風。浜松で先駆けとなった「お櫃鰻茶漬け」が有名だ。そのまま味わうもよし、昆布だしにネギとワサビでさらりと味わうもよし。ほんのり甘みがたまらない、うなぎを出汁巻玉子で巻いたうまきはおつまみにもぴったり。街中なのに、駐車場があるのも嬉しい。

「お櫃鰻茶漬け」3186円
ふっくらうなぎが美味しそう！

「うまき」734円

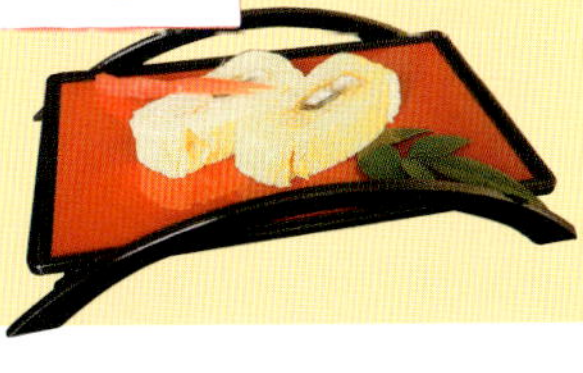

DATA
浜松市中区板屋町655
Tel 053-452-5687
11:00～20:15LO　休/月曜日

このウナギのまげを触れば
キンキラキンな
出世街道まっしぐら?!

浜松駅

北口を出ると真正面に「出世大名家康くん」の植え込み。そしてもう一つ浜松駅南口に「家康くん」がお目見えした。なんと金ピカ!ご利益ありそう!?

掛川駅

掛川城の南側にある
「こだわりっぱ」で見つけた!
掛川ならではの
土産ものがそろっている。

こだわりっぱ
掛川市城下6-12　Tel 0537-24-8700

緑茶葛餅（8個入・1296円）
掛川深むし茶の里にある大塚製茶の高級深むし茶を使った葛餅が今人気。暑い季節は冷やして召し上がれ。日持ちするのでお土産にもおすすめ。

葛湯（9個入・756円）
葛湯とは、葛粉から作ったとろみのある飲み物で、熱湯を注いで食べる。普通の白い葛湯とおしるこ味の葛汁粉、抹茶味の葛茶の3つの味がセットに。

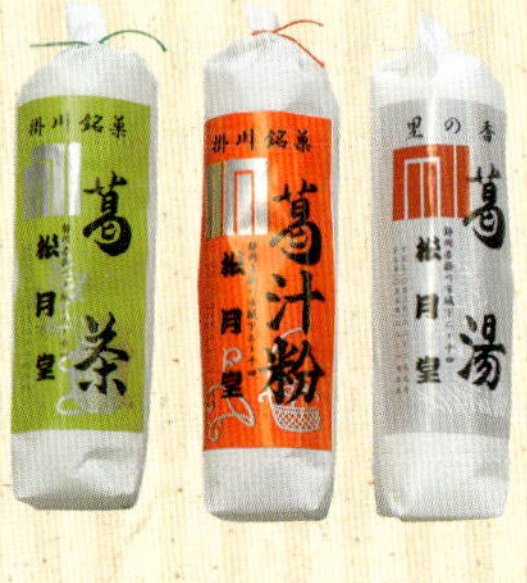

私の直感と気まぐれで紹介した
1万歩の旅のコースいかがでしたか?
同じ駅からスタートしても、
曲がるところを変えれば別の出会いがあり、
別の風景が広がります。
みなさんもこんな風に、
自分自身の「1万歩の旅」をしてみてはいかがですか。
見慣れたまちでも新たな発見がありますよ。
私もまだまだ歩きます。
SBSテレビ・Sole いいね!の「駅から1万歩の旅」
これからもよろしくお願いします。
次はあなたの町で会いましょう。

50音順　INDEX

あ行

39 青柳
73 熱海城
58 Annyのお気に入り
20 池田神社
21 池田の森ベーカリーカフェ
17 異風～if～（いふう）
88 今泉郵便局
76 iri（イーリ）
103 入河屋（いりかわや）
102 うおなみ
99 栄正堂（えいしょうどう）
80 恵比（えび）
62 大井川鐵道
94 大石米穀
12 オオイシ文具店
80 お菓子のすぎやま
68 おかずのあんどう
55 おでんの駅　みちくさ
16 おにぎりのまるしま
31 ONIWA Garden & Café（オニワガーデン&カフェ）
25 オンフルー！

か行

34 絵画堂
106 凧人（かいと）
89 岳南電車
94 掛川城天守閣
55 角屋（かどや）
88 金沢豆腐店
54 カネオト石橋商店・焼津浜食堂
72 CAFE KICHI（カフェ　キチ）
103 Cafe The Rodhos（カフェ　ザ　ロードス）
43 Cafe Midi（カフェ　ミディ）
31 河内屋
62 川根温泉　ふれあいの泉
47 神沢川酒造場
38 神戸商店（かんべしょうてん）
72 岸浅次郎商店
12 北川万年堂
99 北嶋糀店
89 キッチンK
34 キッチン塔子
39 キッチンポット
95 キネマ食堂
8 キャロッツのカレー屋さん
107 キルヤ
35 Kumari（クマリ）
20 Climbing JAM静岡（くらいみんぐじゃむ）
16 KLIMT（クリムト）
102 グリル八雲
77 源兵衛川（げんぺえがわ）
63 寿園
9 コバット
16 コマトラ

さ行

77 桜家
85 さの萬
51 サリーズカフェ
106 猿蟹本舗
17 CSシントミ
59 GC SEAL（ジーシーシール）
21 静岡市立日本平動物園
24 静岡東部食糧
38 しみず道
42 次郎長生家
46 正雪紺屋（しょうせつこんや）
89 松林堂（しょうりんどう）
95 新泉（しんせん）
43 水上バス
69 スイートハウスわかば
98 晴山陶房（せいざんとうぼう）
98 静邨陶房（せいそんとうぼう）
69 石舟庵　湯の花店（せきしゅうあん）

た行

85 鯛吉家（たいきちや）

大社の杜みしま 77
タイムレス　ギャラリー&ストア 50
台所や 42
たいやきや 62
高柳米穀店（ジェラートの店アリア） 99
タキイ 13
タケダフルーツ 39
茶菓おっぺけ屋 68
ツタンカーメン 35
ティーコンシェルコーヒー 25
天王山公園 63
天竜浜名湖鉄道 102
東海館 68
トミヤコーヒー店 107
どんぶりハウス 50

な行

中村陶房 98
長坂養蜂場 103
長浜ひもの店 69
なかやすフルーツ 8
日光陶器店 76
ninosa（ニノサ） 13
沼津港大型展望水門びゅうお 81
沼津港深海水族館 シーラカンス・ミュージアム 81
ねこふく 30
のりこのおでん 9

は行

パインツリー 73
服部麸屋 24
ハワイアンアカデミー 35
BiVi藤枝 58
風船工房　未来 25
富士山本宮浅間大社 84
船橋舎織江 42
プルクワ パ？ 58
フルサワ 106
ベビーランド　ナカノ 30
保月（ほげつ） 59
Port cafe（ポートカフェ） 80

ま行

MASUYA 54
マハラジャ　ダイニング 20
マルナカ水産　直売店 51
三浦玩具店 94
ミカワヤ洋菓子店 12
三嶋大社 76
みっちゃん家 84
三保ふれあい広場 43
魅味（みみ） 34
三芳食堂（みよししょくどう） 47
村の市 63
めん太郎 88
木藝舎　長沼ショールーム 24
Motion（モーション） 31
持舟窯（もちぶねがま） 50
桃園菓子店 30
森の市（JA遠州中央農産直売所） 99

や行

焼津駅前足湯 54
八百徳（やおとく） 107
やきいも末永 13
山木茶屋（やまきちゃや） 72
山大園（やまだいえん） 84
由比缶詰所（直売所） 46

ら行

RUB UP（ラブアップ） 8
リカークラブ鯵岡 47
Luftpause（ルフトパウゼ） 55

わ行

渡辺忠夫商店 46

Soleいいね! 駅から1万歩の旅 Book

2014年10月17日　　初版第１刷発行

●企画・編集　静岡新聞社　出版部

●監修　SBSテレビ　Soleいいね!
原田亜弥子（静岡放送アナウンサー）

●取材・文　梶歩　権田記代子　桜田亜由美　佐野真弓　鈴木和登子
忠内理絵　西岡あおい　御宿千香子　水口彩子

●デザイン　利根川初美（823デザイン）　塚田雄太

●発行者　大石　剛

●発行所　静岡新聞社
〒422-8033　静岡市登呂３丁目１番１号
TEL 054-284-1666

●印刷・製本　図書印刷

この本に記載した記事・データは、2014年10月17日現在のものです。
価格は消費税込の参考価格です。
歩数は原田亜弥子が歩いて取材した時の万歩計の歩数です。
乱丁・落丁本はお取替えいたします。
定価はカバーに表示してあります。

ISBN978-4-7838-1956-1 C0026